기독교적
가르침의
본 + 질

: 간명한 학교 교수학

기독교적 가르침의 본질 : 간명한 학교 교수학

발행 2023년 4월 29일

지은이 Bram de Muynck(브람 드 뮝크), Henk Vermeulen(헹크 페르메일른),
　　　　Bram Kunz(브람 쿤츠)
옮긴이 최용준, 이온실, 이징미
발행인 윤상문
디자인 이보람, 박진경
발행처 킹덤북스
등록 제2009-29호(2009년 10월 19일)
주소 경기도 용인시 기흥구 동백동 622-2
문의 전화 031-275-0196 팩스 031-275-0296

ISBN 979-11-5886-197-1 03230

Copyright ⓒ 2023 Bram de Muynck, Henk Vermeulen, Bram Kunz
이 책은 저작권법에 따라 보호받는 저작물이므로 무단전재와 복제를 금지하며,
이 책의 내용의 전부 또는 일부를 이용하려면 반드시 저작권자와 킹덤북스의
서면 동의를 받아야 합니다.

※ 잘못된 책은 구입하신 곳에서 교환하여 드립니다.
※ 책 가격은 표지 뒷면에 있습니다.

킹덤북스(Kingdom Books)는 문서 사역을 통해 하나님의 나라를 확장하고,
한국 교회와 세계 교회를 섬기고자 설립된 출판사입니다.

기독교적 가르침의 본 + 질

: 간명한 학교 교수학

브람 드 뮝크 (Bram de Muynck)
헹크 페르메일른 (Henk Vermeulen)
브람 쿤츠 (Bram Kunz) **지음**
최용준, 이은실, 이정미 **옮김**

킹덤북스
Kingdom Books

목 차

머리말 — 06

1장 오리엔테이션 — 11
1.1. 기독 교육의 목적 — 12
1.2. 원천에게 인도받다. — 19

2장 교사와 학생 — 25
2.1. 교사 — 26
2.2. 학생 — 36

3장 교육 과정, 교수학 및 교수법 — 44
3.1. 교육 과정 — 45
3.2. 지식과 지혜 — 57
3.3. 교수학 — 62
3.4. 교수법 — 65
   3.4.1. 모든 것은 신비로 가득 차 있다.
   3.4.2. 인간은 관계성을 갖도록 창조되었다.
   3.4.3. 마음이 터치됨
   3.4.4. 인간은 하나님 앞에서 살아간다.
   3.4.5. 통찰력과 기술은 뿌리가 있어야 한다.
   3.4.6. 은사는 다양하다.

4장 **공동체로서의 학교** ─────────────── 81
    4.1. 공동체에서 기독 교사 되기   82
    4.2. 기독 학교   85
    4.3. 교장   92

5장 **모든 교육이 다 같은 것은 아니다.** ─────── 96
    5.1. 초등 교육 교사   98
    5.2. 중등 교육 교사   100
    5.3. 중등 직업 교육의 교사   105
    5.4. 교사 훈련하기   109

결어 ─────────────────────────── 112
역자 후기 ────────────────────── 114
참고 문헌 ────────────────────── 116

머리말

　기독 교사들은 그들의 이상을 소중히 여긴다. 그렇다면 진정한 기독 교육의 이상은 무엇인가? 본서는 이 중요한 질문에 대한 대답을 목표로 한다. 이 머리말에서 우리는 본서의 배경 및 특성에 대해 보다 분명하게 기독 교사들에게 알리기 위해 몇 가지 명확한 설명을 하고자 한다.

　본서는 원래 네덜란드 기독 교육이라는 상황을 염두에 두고 네덜란드어로 쓰인 책(Essenties van christelijk leraarschap)의 영어 번역판을 다시 한글로 옮긴 것이다. 우리는 가령, 중국이나 아프리카에서의 기독 교육 상황은 다름을 알고 있다. 우리는 전 세계 다른 나라에서 일해 본 경험이 있기 때문에, 우리가 쓴 문장의 문화적 편견을 매우 잘 알고 있다. 하지만 성경 및 기독교적 전통에서 파생된 기독 교육의 기본 원리들은 문화적 차이들을 초월한다고 믿는다. 그만큼 이전 영어판은 긍정적인 반응을 얻어 우리는 국제적인 출판물을 발행해야 할 필요를 느꼈다. 그래서 우리는 이전 초안을 비네덜란드어 독자 그룹에게 주어 그 유용성을 테스트했다. 그 결과 이 책이 나오게 된 것이다.

본서는 기독 교육을 위한 개념적 틀을 제공한다. 그것은 다음과 같은 주제들을 다룬다. 가령 기독 교사들은 그들의 교육에서 어떤 가치관을 기초로 두는가? 성경 이외에 기독 교육에 영감을 주는 문헌들은 무엇인가? (예: 웨스트민스터 신앙고백, 어거스틴이나 깔뱅이 쓴 기독 교육에 관한 다른 책들), 그리고 이것들을 교육 현장에서 어떻게 잘 활용할 수 있는가? "기독" 교육은 다른 접근들과 무엇이 다른가? 교사와 학생 그리고 교육의 내용 간의 관계는 무엇인가? 이 점과 관련하여 교사들은 학생들을 위해 어떤 종류의 학습 환경을 만들어야 하며 어떻게 하는 것이 교육 내용을 기독교적으로 제시하는 방법인가? 교사들은 어떻게 기독교 세계관을 설명하며 모델을 제시할 수 있는가?

이 책은 기독 교육을 과학적으로 뒷받침하는 이론적 연구가 아니며 매일 교육을 실습하도록 지도하는 매뉴얼로 사용하기 위한 것도 아니다. 심지어 개념적 프레임워크도 청사진도 아니며 단지 기독 교육의 필수적인 부분들로 구성되어 있어 독자들로 하여금 자신의 상황에서 가르치는 실습을 재고하고 심화하도록 도전하는 것이다. 따라서 우리는 우리의 이상과 일치하게 다음과 같이 쓴다. 즉, 기독 교육은 창문을 여는 것을 열망한다. 우리는 우리의 교육으로 무엇을 성취할 수 있는지 정확히는 모른다. 가령 우리는, 정확히 우리의 학생들이 어느 정도까지 기독교적 사고를 그들의 개인적인 세계관에 통합할 것인지 모른다. 기독 교사로서 우리는 무엇을 성취하기 원하는지 설명할 것이지만 동시에 우리는 교육의 형성적 성격도 이해해야 한다. 학교 수업이 100% 완성된 적이 없듯이 이 책도 마찬가지다. 하지만 우리는 "핵심 요소들"을 다루려고 노력했다. 제목에서도 알 수 있듯이 우리는 기독 교육에 중요한 모든 세부 사항들을 전부 다룰 수는 없었다. 독자들은 더 많은 설명이 필요한 간결한 문장들을 발견할 것이다. 이러한 방식은 열매 맺는 대화로 이끄는 비판적 참여를 의미한다.

  이 책의 원본은 기독 교육에 중요한 것이 무엇인가에 대한 토론에 참여한 네덜란드의 많은 분들에게 그 영감을 빚지고 있다. 그들의 이름은 네덜란드어로 된 원본에 언급되어 있다. 다른 나라와 대륙에 있는 독자들을 위해 영문판을 출간함에 네덜란드 외부에 있는 많은 분들이 우리를 도왔다. 중국에서 1장을 시험해볼 때 우리의 문화적 편견을 분명히 지적한 동료인 얍 브락스마(Jaap

Braaksma)에게 감사한다. 또한 영국 기독학교 연맹(Christian Schools' Trust, UK)의 필 문(Phill Moon), 미국 커버넌트 대학의 스티븐 카우프만(Stephen Kaufmann) 그리고 남아공의 무카뇨 대학(Mukhanyo College)의 그레이엄 요코(Graham Yoko), 롭 반 데어 코이(Rob van der Kooi) 그리고 게리트 하이노(Gerrit Heino)에게 감사한다. 그들의 신중한 도움으로 우리는 상당한 문화적 이슈들을 바로 잡을 수 있었다.

우리는 국제 기독학교 연합회(ACSI: Association of Christian Schools International)가 본서의 출판을 지지한 것에 대해 감사하게 생각한다. 우리는 초안을 읽고 친절한 비평을 해준 대표자들인 개빈 브레트니(Gavin Brettenny), 폴 매드슨(Paul Madsen), 래시 디미터(Laci Demeter), 마이크 엡(Mike Epp) 그리고 데이빗 윌콕스(David K. Wilcox)에게 감사한다. 우리가 그들로부터 받은 의견들과 제안들은 너무나 중요했다.

마지막으로 우리는 기독 교육에 대한 국제 네트워크인 동료 슈어드 반 덴 베르그(Sjoerd van den Berg)에게 감사를 표한다. 그는 준비하는 몇 개월 동안 언급한 모든 사람들을 연결하고 격려했다.

우리는 이 책이 전 세계의 여러 곳에서 학교에서의 토론 및 교사들을 훈련시키는데 유익하게 사용되길 희망한다. 본서는 "모든 것에 적합한 만능서"가 되는 것을 목표로 하지는 않는다. 문화적 차이점은 보물이지 걸림돌이 아니다. 다른 한편 본서는 성경 및 다른 관련 자료들로부터 나온 교육의 원리들을 다루지만 하나의 문화에 국한되지 않으며 다양한 문화에 적용될 수 있다. 기독 교육에 관한 토론은 발전할 수 있고 자신들이 속한 공동체에서 교사들을 자극할 수 있다. 우리는 본서가 계속해서 기독 교육에 대한 반성, 발전 및 적용하는 과정에 도움이 되길 희망한다.

1장
오리엔테이션

    기독 교사로서 우리의 목표는 학생들이 하나님을 신뢰하고 그분에게 소망을 두는 것이다. 소망은 방향을 제시하고 우리의 존재 - 삶과 죽음에 대해 - 뿐만 아니라 개발 및 학습에도 의미를 부여한다. 소망과 신앙은 그냥 당연하게 발전하지는 않는다. 그것은 하나님의 선물이다. 이를 위해 하나님께서는 사람들을 사용하신다. 기독 교사는 하나님과 그분의 세계에 대해 안내자가 될 수 있는 특권이 있다. 세계는 그리스도 없이 존재하고 싶어 하지만, 그분 없이는 번성할 수 없다. 그분이야말로 진정한 소망의 근원이시기 때문이다.

1.1. 기독 교육의 목적

기독 교사로서 우리는 고귀한 직업을 가지고 있다. 하지만 이 가르치는 직업의 고귀한 성격을 강조한다고 해서 우리가 일상생활에 대해 눈이 멀었다는 뜻은 아니다. 우리가 살고 있는 이 세상은 아름답지만 동시에 죄에 의해 손상되었다. 우리는 우리 학생들과 마찬가지로 세상의 한 부분이다. 우리는 죄와 죄책감의 실제에 대해 알고 있다. 그러나 우리는 동시에 우리와 우리 학생들에게 소망을 가져다주는 관점인 그리스도 안에서 하나님의 은혜라는 관점도 가지고 있다.

방향

우리가 여행을 떠날 때, 우리는 먼저 올바른 방향을 정해야 한다: 내가 지금 어디에 있으며 목적지에 도달하려면 어느 길로 가야 하는지. 우리는 우리가 누구이며 무엇이 우리의 이상인지에 관한 질문에 직면한다. 다른 사람들에게 가이드가 되려는 사람은 자신이 먼저 올바른 길을 가야 한다. 시편 78편에 그 방향이 있다: 우리 인생의 주요 관심사는 하나님을 섬기는 것이다. 인간은 하나님의 형상으로 창조되었으므로 우리는 단지 스스로 존재하는 것이 아니라 하나님과의 관계에서 목적지에 도달한다고 믿는다. 기독 교사로서 우리는 학생들이 하나님을 사랑으로 섬기며 그분의 나라를 기대하며 살기를 바란다. 나아가 우리는 우리 학생들이 책임감 있는 시민이 되고 이웃을 사랑하며 지역 사회를 섬기도록 지도하기를 바란다. 우리의 이상은 하나님의 사람이 온전하여 모든 선한 일을 행하기에 준비되는 것이다.[1]

> **시편 78편 1-8절**
>
> 1 내 백성아, 내 교훈을 들으며, 내 말에 귀를 기울여라.
> 2 내가 입을 열어서 비유로 말하며, 숨겨진 옛 비밀을 밝혀 주겠다.
> 3 이것은 우리가 들어서 이미 아는 바요, 우리 조상들이 우리에게 전하여 준 것이다.
> 4 우리가 이것을 숨기지 않고 우리 자손에게 전하여 줄 것이니, 곧 주님의 영광스러운 행적과 능력과 그가 이루신 놀라운 일들을 미래의 세대에게 전하여 줄 것이다.
> 5 주님께서 야곱에게 언약의 규례를 세우시고 이스라엘에게 법을 세우실 때에, 자손에게 잘 가르치라고, 우리 조상에게 명하신 것이다.
> 6 미래에 태어날 자손에게도 대대로 일러주어, 그들도 그들의 자손에게 대대손손 전하게 하셨다.
> 7 그들이 희망을 하나님에게 두어서, 하나님이 하신 일들을 잊지 않고, 그 계명을 지키게 하셨다.
> 8 조상처럼, 반역하며 고집만 부리는 세대가 되지 말며, 마음이 견고하지 못한 세대, 하나님을 믿지 아니하는 세대가 되지 말라고 하셨다.[2]

이것은 단지 수직적인 차원만이 아니다. 세상의 삶도 그 일부인데 왜냐하면 이 세상은 하나님께서 지으셨기 때문이다. 하나님께서는 우리를 세상에 두셔서 그분과 이웃을 섬기며 사랑하도록 하셨다.

---

1 딤후 3:17.
2 표준새번역 성경

만남

기독 교사로서 우리는 학생들이 하나님의 세계를 이해하도록 한다. 이 세계 자체가 인간으로 하여금 그것을 이해하도록 초대한다. 만물은 그냥 존재하지 않으며 각기 비밀을 담고 있다.[3] 교육의 목적은 학생들이 세상을 이해해 가면서 경외감을 갖도록 하는 것이다.[4] 이를 위해 주제가 있는 지식이 필수적이다. 교사로서 우리는 학생들이 아직 보지 못하는 것들을 지적한다.[5] 하지만 학생을 안내하는 역할은 정보를 엿보는 것 이상이며 지식을 공유하는 것 이상이다. 교육이란 형성(formation)으로 학생들이 다양한 관계에서 자신이 누구인지 이해하도록 하는 것이다. 그들은 주변의 자연 및 문화 세계와의 만남을 향하고 있다. 이것은 하나님의 인간으로서 수평적 삶의 차원이다. 이것은 또한 인간관계, 동료와의 관계 그리고 피조물과의 관계를 포함한다. 교사로서 우리는 이러한 만남에 참여한다. 교사가 된다고 해서 세계는 더 이상 우리에게 어떤 비밀도 갖지 않는다는 것은 아니다. 이런 의미에서 교사와 학생은 평생 배

---

[3] 레이스(Raes)는 이 세상을 하나의 신비로 보면서 인간도 그 안에 속해 있다고 본다. Raes, P. (2015) *Christelijk Leraarschap: Lesgeven en leren christelijk oriënteren*. (기독교적 가르침; 수업 및 기독교적 방향 제시). Kalmthout: Pelckmans.

[4] Muynck, A. de (2004) *Christelijk leraarschap tussen presentie, vorming en werkelijkheid*. Lectorale rede(임재, 형성 및 실제 간의 기독교적 가르침. 공개강좌). Gouda: Christelijke Hogeschool De Driestar.

[5] Biesta, G. (2013). *The beautiful risk of education*. London: Paradigm Publishers. pp. 43-58.

우는 것이다. 따라서 인생은 학습의 여정이다.

지식의 습득

교사로서 우리는 학생들에게 세상을 열어준다. 그렇다고 해서 우리 학생들이 지식 습득에 적극적인 역할을 하지 않는다는 것은 아니다. 학생들이 자신의 여정에서 가이드의 목소리를 듣기만 하다가 문득 눈을 감아 버리면 제대로 알지 못하는 위험에 처하게 된다. 그런 학생들도 다양한 이야기를 듣기는 하겠지만 전체 그림을 경험하지는 못한다. 교육에서 우리는 학생들이 적극적으로 자신의 지식을 획득하는데 관심을 둔다.[6] 우리 교사들은 학생들에게 세상을 보여주면서 스스로 발견해나갈 수 있는 여지도 남겨두어야 한다.

두 도로

그러므로 가르침은 학생들이 이 세상에 주도권을 갖도록 하는 것을 의도한다. 이런 식으로 그들은 지역 사회의 시민으로 교육을 받으며 사회에서 의무를 수행할 능력을 갖추게 된다. 하지만 사회적 의무를 다하도록 준비시키는 것이 결코 궁극적인 목적은 아니

---

6 이렇게 말한다고 해서 가르치는 것이 작업의 형성(activating forms of work)만이라고 하는 것은 아니다. 이야기나 강의 또한 마음을 지식의 목표로 인도한다.

다. 기독 교사는 그들이 궁극적으로 하나님을 섬길 때에만 그들이 의도한 목적지에 도달했다고 본다. 교육에 있어 성경이 말하는 두 가지 길은 매우 구체적인데 그것은 생명 아니면 죽음에 이르는 길이다. 교사와 학생은 지혜로운 건축가와 같이 주 예수 그리스도의 말씀을 듣고 그대로 행하는 사람들이 될 수도 있고 어리석은 건축자들처럼 자신의 통찰력만 의지할 수도 있다. 기독 교사로서 우리는 그리스도 없는 삶은 궁극적 의미가 없음을 알고 이를 학생들에게 지적한다. 그러므로 우리는 그들에게 죄의 극적인 결과를 제시하는 동시에 죄인의 구세주로서 하나님께서 보여주신 영원한 사

랑과 신실하심을 제시한다.

소망

우리는 학생들이 하나님의 길을 걷도록 요청한다. 시편 78편에 "이것은 우리가 들어서 이미 아는 바요, 우리 조상들이 우리에게 전하여 준 것이다. 우리가 이것을 숨기지 않고 우리 자손에게 전하여… 그들이 희망을 하나님에게 두어서, 하나님이 하신 일들을 잊지 않고, 그 계명을 지키게 하셨다. 조상처럼, 반역하며 고집만 부리는 세대가 되지 말며, 마음이 견고하지 못한 세대, 하나님을 믿지 아니하는 세대가 되지 말라고 하셨다."[7] 우리의 가르침은 이 진리를 무시해서는 안 된다. 인간은 스스로 영원한 소망을 가질 수 없다. 시편 78편에 따르면 이전 세대는 아무것도 하지 않았다. 그러면 아무 소망이 없다. 오직 하나님에게만 소망이 있기 때문이다. 그러므로 우리는 사람들이 하나님을 신뢰할 수 있으며 그분을 믿는 사람에게는 미래에 위로와 기대가 있다고 선포할 수 있다.

두 단어

기독 교사는 자체적으로는 권위가 없다. 그들은 성령에 의지한

---

7 시 78:3-8.

다. 하나님과 그의 세계와의 진정한 만남은 강요할 수 없다. 그것은 선물이다. 하지만 기독 교육이라는 이 고귀한 이상은 깨어진 현실 가운데 있다. 하나님의 형상은 깨어져 창의력 및 학습 능력과 같은 선물이 실제로 유지되고는 있지만 동시에 죄로 말미암아 손상되었다. 우리는 학생들에게 죄가 얼마나 자연, 문화, 사회 및 경제에 영향을 미치는지 보여준다. 심지어 학교에서도 죄의 결과가 보인다. 즉, 잘못된 행동, 깨어진 가정들, 교사와 학부모 간의 어려운 의사소통이다. 그리고 우리는 우리 자신의 마음도 오염된 것을 인식한다. 그러므로 우리는 이렇게 기도할 필요가 있다. "오 하나님의 아들이시여, 우리 안에 당신의 형상을 창조하소서!" 이렇게 우리는 두 단어로 말한다: 이상적이고 손상된 현실, 죄와 은혜, 율법과 복음, 약속과 책임감.

기대

이 세상은 죄 때문에 훼손되어 있다는 사실에도 불구하고 이 세상은 여전히 하나님께 속해 있다. 이 모든 것을 통해 하나님께서는 목표, 즉 하나님 나라의 도래를 위해 여전히 일하고 계신다. 이것은 그리스도께서 십자가와 부활을 통해 하나님과 인간 사이에 단절된 관계를 치유하신 것을 통해 우리가 가장 분명히 본다. 회심하여 그리스도를 믿는 사람들은 하나님의 형상으로 변화된다. 이런 식으로 사람들은 소망의 관점 가운데 살고 있다.

가르침은 이 소망으로 가득해야 한다. 기독 교육은 더 높은 목적, 즉 인간이 창조주를 섬기며 영광을 돌리는 것이어야 한다. 그러므로 우리의 소망을 하나님께 두는 법을 배운다는 것은 우리의 삶의 여정에서 우리의 의무와 소명을 다하면서 이 모든 것에서 하나님의 나라를 소망하며 우리의 일이 주님 안에서 결코 헛되지 않음을 믿는 것이다.

1.2. 원천에게 인도받다.

교육은 기록된 자료들에 의해 형성되어야 한다. 그것들은 교사의 영적 자본의 일부이다. 가장 중요한 텍스트는 하나님의 말씀인 성경이다. 성경 읽기 및 공부를 하면서 기독 교사들은 업무에 대한 용기와 힘을 얻고 있으며 동시에 그들도 가장 중요한 것들이 무엇인지 생각하도록 도전을 받는다.[8]

그러나 우리는 다른 자료들도 읽는다. 우리는 거인들과 어깨를 나란히 하며 서 있는데 왜냐하면 우리의 일은 오래된 교육적 전통

---

8 Muynck, A. de (2012). *Wees een Gids! Naar een nieuw elan van christelijk leraarschap.* Lectorale rede. (가이드가 되라! 기독교적 가르침을 향한 새로운 열망. 공개강좌). Gouda: Driestar educatief. p. 10.

에 젖어 있기 때문이다. 텍스트는 영양분과 방향을 제공한다. 그것들은 또한 거울과 같은 기능을 한다.

하나님 말씀의 권위

성경은 우리 삶의 모든 면에 대해 교훈을 준다. 성경은 하나님의 말씀으로서 권위 있는 하나님의 진리의 근원이다. 따라서 우리의 생각과 행동에 있어 기초와 규범이 된다. 실제로 그것은 우리가 개인적으로 그리고 공동체적으로 성경을 연구한다는 의미이다.[9] 그것은 우리가 우리의 직업인 교사로서도 그리스도의 학생이 되기를 원함을 암시한다. 나아가 하나님의 말씀은 우리의 개인적인 영적 삶과 직업을 실천함에 있어 방향을 제시한다. 그 말씀은 우리에 대해 권위를 가지고 있다. 우리는 하나님의 말씀이 명령하는 것에 대해 우리의 생각을 사로잡아 그리스도에게 복종하게 해야 함을 인정한다.[10] 이러한 순종은 신앙과 분리되지 않으며 오히려 신앙의 열매이다. 그러므로 기독 교사는 이 질문을 해야 한다: 나는 과연 하나님의 성령에 따라 말씀대로 생활하고 있는가?

---

9   Muynck, A. de, Rottier, L.N., Noteboom, J. & Lindhout, W. (2011). *Leren bij de bron. Meditaties voor leraren.* (원천에 따르는 배움. 교사들을 위한 묵상집). Heerenveen: Groen.
10   고후 10:5.

성경을 읽음으로
기독 교사들은

그들의 일에
용기와 힘을 얻는다.

기독 교사의 핵심 태도

성경은 기독 교육의 실천적 지침서이다.[11] 이것은 하나님과 인간, 학습 및 교육에 대한 우리의 관점을 결정한다. 이런 방법으로 우리

---

11   Smith, D. I. & Shortt, J. (2002.) *The Bible and the task of teaching*. Nottingham UK: The Stapleton Center.

는 고백과 직업, 즉 우리가 믿는 것과 하는 일을 연결한다. 따라서 우리는 이 시대의 현대 문화 속에서도 확고하게 설 수 있다. 또한 성경은 비판적으로 교수법을 평가하는데 왜냐하면 그리스도인이 말하는 것이 항상 성경의 시험에 통과하는 것은 아니기 때문이다.

고백

성경은 수세기 동안 폭넓은 기독교적 전통의 규범을 형성한다. 이것은 우리가 무엇을 믿고 무엇을 해야 하는지에 관한 것이다. 이러한 점에서 초대 기독 교회의 신조들은 매우 중요한 나침반 역할을 한다. 이 신조는 성경적 메시지의 요약인 점에서 어느 정도 권위를 가진다. 그러므로 기독교 신조는 도움이 되는 가이드이다. 기독 교사로서 우리는 이 메시지의 핵심을 알고 이 건전한 교리에 따라 살기 원한다.[12] 이것은 이후에 교회에서 작성된 신앙고백에도 적용된다. 이 고백의 저자들은 개혁주의 전통에 서 있으며 웨스트민스터 신앙고백, 하이델베르크 교리 문답 그리고 벨기에 신앙고백이 특히 중요하다. 다른 전통에 서 있는 기독교인들은 다른 신앙고백을 언급할 것이다. 가령 1974년에 열린 로잔 대회는 세계 복음주의 커뮤니티의 권위였다. 우리의 상황인 개혁주의 전통에서

---

12 딤후 1:13.

신앙고백은 교육을 형성하는데 도움을 주었다. 이 고백은 교사로 하여금 자신이 세계 기독 공동체의 일부로 보도록 도와준다. 그들은 전 세계 모든 그리스도인들에게 필수적인 것에 대한 믿음을 표현한다. 즉 그것은 구원하시는 예수 그리스도의 은혜를 믿는 믿음으로 영원한 생명을 얻는다는 것이다. 이러한 믿음으로부터 우리는 그분의 가르침에 순종함으로써 그분을 향한 우리의 사랑을 보여주는 것에 헌신하고 있다. 따라서 우리는 다른 사람에 대해 우리의 입장을 명료화하기 위해서만 이 고백을 사용하지 않는다. 성경의 메시지를 설명함에 있어 이 고백문은 우리의 삶에 있어 핵심을 담고 있다.

문화의 비판적 담지자

성경과 신조와 고백 외에 우리는 신학, 교육학 및 주제와 관련된 문헌도 읽는다. 전문가로서 우리는 성경의 기초에서 개념, 통찰력 등을 평가할 수 있다. 다시 말해 우리는 문화의 비판적 담지자이다. 이 과정에서 우리가 우리 자신의 이상을 알고 우리가 읽는 것을 평가하는 것이 중요하다. 이런 방법으로 우리가 읽고 있는 책의 저자들은 대화의 파트너가 된다.[13]

---

13 Murre, P., Muynck, A. de & Vermeulen, H. (2012), *Vitale idealen, voorbeeldige praktijken. Grote pedagogen over opvoeding en onderwijs.* (활기찬 이상들, 모범적인 실습. 교육에 관한 위대한 사

문화의 담지자로서 그리스도인은 성경, 성경에 기초한 기독교적 전통 그리고 우리가 가르치는 주제들과의 관계를 볼 수 있다. 따라서 우리는 이원론의 위험을 경고해야 한다: 현실(주제들)은 결코 하나님과 분리되지 않는다.[14] 수업을 준비하면서 우리는 다루는 주제와 기독 신앙 간의 관계를 설정하는 기회를 찾고 있음을 발견한다. 우리는 때때로 주제가 어떻게 비판적으로 평가되어야 하는지 보여주기 원한다.

> **주제 및 정체성**
>
> 종종 교사가 알고 있는 것보다 더 많은 가능성이 있다. 특히 교사가 학생이 식별할 수 있는 상황에 대한 주제와 관계를 지으려는 태도에서 그렇다. 실제로 이것은 종종 생략되며 수업은 방법적 또는 기계적 방식으로 이루어지곤 한다. - 4학년 우등생

상가들). Amsterdam: Buijten & Schipperheijn.

14　Mackay, E. (2014). *Een venster op de hemel. Christelijk leraarschap in de lespraktijk*. (하늘을 향한 창문. 교실에서의 기독교적 가르침) Apeldoorn: De Banier. Raes, P. (2015). *Christelijk Leraarschap*.

2장
교사와 학생

　교사 데이비드는 서류 가방에서 신문을 꺼내어 몇 페이지를 넘겨서 12학년 사회 수업을 위한 기사를 치켜들었다. 이 기사는 정부가 어떻게 안전 조치를 증대시키고 있는지를 다루고 있다. "이 기사를 읽을 때, 나는 그 이면에 숨겨진 것에 대해 생각하곤 한다. 정부는 왜 안전 조치를 강화하고 있을까?" 한 학생이 대답한다. "왜냐하면 모든 것이 조금 더 위험해졌기 때문 아닐까요?" 두 번째 학생이 말한다. "아마 모두 외국인 때문일거에요." 세 번째 학생도 이어간다. "아마도 위험한 일이 발생할까봐 두렵기 때문 아닐까요?" 네 번째 학생도 덧붙인다. "음, 제 생각엔 우리는 이러한 위험 요소들을 통제하면서, 계속 관리하고 싶기 때문일거에요." 모든 사람이 기여해야 할 부분이 있다. 교사 데이비드는 학생들과 함께 이러한 사회적 현실과 그것이 지닌 중요성에 대해 기독교적 관점으로 이해하려고 노력했다.

2.1. 교사

나는 항상 학생이다.

기독 교사인 우리는 매일 학생들과 맞닿아 있다. 언뜻 보면 교사와 학생 사이에는 큰 차이가 있는 것처럼 보인다. 하지만 모든 측면에서 그런 것은 아니다. 기독 교사 역시 언제나 배우는 자이기 때문이다. 이것은 성경을 계속해서 공부해야 하는 이유가 된다. 성경 공부는 우리 자신에게 도움이 되지만, 오직 그것만이 이유는 아니다. 교사의 역할을 수행하면서, 또 우리가 가르치는 내용에서 제기되는 이슈들에 대해 성경적 안내와 지도를 찾기 위함이다.

평생 학생이 된다는 것은 우리가 하나님으로부터 받은 달란트를 개발하려는 소망과도 관련이 있다. 우리는 수업 중에 일어나는 여러 상황에 더 잘 대처하고자 한다. 따라서 교사는 통찰력과 교육적, 교수학적인 레퍼토리를 확장할 필요가 있다. 가르치는 과목 및 그것과 관련된 지식에 있어서도 그러하다. 교사는 가르치는 과목과 관련된 지식을 스스로 잘 알아야 한다. 이러한 필요가 교사에게 열린 마음으로 탐구하고 학습하는 태도를 불러 일으킨다.

이와 더불어, 세상에는 계속해서 새로운 것들이 생겨나고 있다. 우리는 기독 교사로서 세상에서 일어나는 일에 연결되어 있다. 우리는 사회의 변화를 이해하고 해석하려고 노력한다. 이것은 우리의 시민 의식과 관련이 되며, 학생들이 기독 시민으로 성장하는데 기여한다.

기독교인들은 또 서로에게서 배운다. 전 세계의 교회에 대한 인식은 우리로 하여금 자신이 소속된 국가, 공동체, 혹은 개별 교회에 한정되는 것을 막아준다.[15] 항상 배우는 학생으로 남는다는 것은 우리로 하여금 교사의 역할을 더 잘하기 위한 자질을 갖추게 한다.

자아상: 겸손하고, 책임감 있으며, 자신감 있는

해를 거듭할수록, 교사들은 자신에 비해 상대적으로 덜 알고 인생의 경험이 별로 없는 사람들과 일하게 된다. 이 점을 염두에 두지 않으면 우리 자신의 입장만 확고하게 믿게 된다. 기독 교사들은 이러한 위험에 항상 주의해야 한다. 자신을 돌아보고 우리 스스로

---

15 대부분의 경우 기독 교사는 한 교회의 멤버가 될 것이다.

를 과대평가할 수 있다는 점을 기억해야 한다.

건강한 자아상은 기독 교사들이 스스로를 과대평가하는 것을 막아준다(로마서 12:3). 다른 사람들을 가르칠 수 있다는 것은 하나님이 주신 선물이다. 하지만, 그것이 우리로 하여금 주어진 현실을 모두 이해할 수 있다고 믿는 교만함에 이르게 해서는 안 된다. 신실한 교사들은 여정의 마지막을 알지만, 여정과 관련된 모든 질문에 대한 답을 아는 것은 아니다. 교육 방법과 실습의 영역, 가르치는 과목에 대한 지식과 이해는 항상 불완전할 것이다.

이것은 기독 교사가 하나님 앞에서 책임감을 가져야 한다는 것과 관련된다. 교사들은 학생들에게 영향을 미친다. 우리는 이런 영향력을 어떻게 사용하는가? 예수님은 우리들이 아이들에게 끼치는 영향력이 남용되는 것에 대해 경고하신다(마태복음 18:6). 성경에 의하면, 사도들은 교회를 잘못된 길로 이끄는 거짓 교사들과 대립했다; 이 거짓 교사들은 십자가에서 돌아가신 주님과는 다른 신앙의 토대를 세우려 했다. 이것은 모든 기독 교사들에게 거울이 된다. 우리가 학생들에게 행하는 것들은 마지막에 평가받게 될 것이다(고린도전서 4:10-15).

기독 교사들은 겸손하고 책임감이 있다. 동시에 자신감이 있다. 우리가 모든 지혜를 가지고 있는 것은 아니지만, 지혜는 오직 주

예수 그리스도 한 분이신 것을 안다.[16] 우리는 그의 존재 가운데 살아가야 하며, 우리의 학생들도 그래야 한다. 우리는 성경을 그리스도의 계시로 받아들이기에 그로부터 우리 삶과 일의 교훈을 찾으려 한다. 때로 우리는 복음의 본질에 근거하여 긍정의 입장이든 부정의 입장이든 명확한 진술을 할 때가 있다. 또 우리는 가르치는 과목의 내용에 대해서 자신감을 가진다. 그리스도를 따르는 것은 기독 교사들로 하여금 성실하게 가르치도록 한다. 마치 천국의 천사들처럼.[17] 이것의 부분적인 의미는 우리가 맡은 과목의 지식을 잘 알고 있다는 것이다. 교사로서 우리는 맡은 일에 있어서 전문가가 되어야 한다. 학생들 앞에 서 있는 사람은 권위를 가지고 말하는 사람, 단순히 가르치는 위치로 인한 권위가 아닌 교사가 가지고 있는 과목에 대한 적절한 지식이 있는 사람인 것이다.[18]

> **자연적인 관심**
>
> 그가 다가와서 앉았다. 그는 우리의 이야기와 의견을 진심으로 듣고 있었다. 의견을 말하기 전에, 성경을 펼쳤다. 말하지 않았다: 그런 것이다. 그는 그저 올바른 방향을 상기시키면서 진심으로 듣고 우리를 돕고 있었다.
>
> - 코스티안, 일반 중학교 상급생

---

16 요 14:6. 잠 8장 참고(역자 주).
17 하이델베르크 요리문답 49주일.
18 Roeleveld, M. E., Kalkman, B. & Kool, R. F. de (2006). *Essenties van christelijk leraarschap; beroepsbeeld voor de christelijke leraar*. (기독교적 가르침의 본질들: 기독 교사의 직업관). Gouda: Driestar educatief. p. 77.

존재와 배려

기독 교사인 우리는 학생들과 함께 여정을 떠난다. 함께한다는 것은 학교 안에서 일어나는 모든 일에 중요한 부분이 된다. 학생들과 함께하는 것은 우리 이웃을 사랑하라는 대계명에 부합한다. 학생들은 우리가 가는 길에 창조주가 보내주신, 하나님의 형상으로 만들어진 젊은이다. 하지만 교사와 학생의 관계는 일반적인 이웃의 관계와는 다르다. 교사의 의무에서 볼 때 맡겨진 학생들은 우리의 특별한 이웃이 된다. 이 점에 주의를 기울이면서 우리는 학생들을 향해 열린 마음과 그들을 위해 우리가 이곳에 있다는 태도를 보여주어야 한다.

그러기 위해 교사인 우리는 몇 가지 특성을 갖추어야 한다.

• **열린 마음** | 우리는 학생들이 하나님에 의해 창조된 존재로 바라본다. 각 학생이 독특한 존재라는 관점을 가지는 것이다. 학생들은 각기 하나님으로부터 특별한 재능을 선물로 받았다. 그러므로 학생들과의 관계가 편견이나 고정된 틀, 또는 학생들의 정보가 저장된 컴퓨터 시스템으로부터 영향을 받지 않도록 해야 한다.[19]

19　Bulterman, J. & Muynck, A. de (2014). *Is alles van waarde meetbaar? Toetsing en vorming in het onderwijs*. (모든 가치들이 측정 가능한가? 교육에서 형성 및 평가). Amsterdam: Buijten & Schipperheijn.

• **관여** | 우리는 수업에서 무엇이 학생들을 몰두하게 하는지, 무엇이 그들로 참여하게 하는지에 대해 주의를 기울인다. 그들의 세계에 들어가 그들이 어떤 것을 가치 있게 여기는지 알아낸다. 그리고 우리는 모든 학생들을 공평하게 대하도록 노력한다.

• **민감함** | 우리는 특정 순간에 특정 학생에게 무엇이 중요한지를 알고자 한다. 또한 학생들을 지지하는 것과 교정하는 것 사이에서 적절한 균형을 유지하려고 한다. 둘 중 하나가 필요한 상황이 되면 교사인 우리는 이를 감지하게 된다. 수업 목표를 알고 실현하는 것이 중요하지만 학생들이 어려움을 겪는 것을 감지했다면 때로 우선순위를 다른 것에 둘 수 있다.[20]

• **긍휼한 마음** | 기독 교사인 우리는 모든 학생에게 주의를 기울인다. 교실에서 활발하게 잘 따라오는 학생들이 주로 "보편적인" 경우가 많다. 그러나 특정한 도움을 필요로 하는 학생들도 있다. 이 학생들은 수업을 따라가는데 어려움이 있어서 모든 것을 이해하고 심화 학습이 필요한 학생들과는 반대되는 경우이다. 또래 집단에 잘 어울리지 못하는 학생 혹은 사회적으로나 감정적으로 상처가 있

---

20 Brummelen, H. van (2009). *Walking with God in the classroom*. Colorado Springs: Purposeful Design Publications. pp. 29–64.

는 학생들 역시 관심을 기울여야 한다. 우리의 도움이 필요한 학생들은 모두 긍휼한 마음으로 관심을 쏟아야 할 대상이다.

· **인내** | 기독 교사에게 이웃 사랑의 특별한 징표는 인내다. 이것은 앞서 다뤘던 자존감과 관련이 있다. 목자는 어린 양들이 죽음에 이를 수 있기 때문에, 분만기가 되면 양 무리를 지나치게 방해하지 않는다. 학생들도 별다를 것이 없다. 위의 민감함과 관련하여 언급한 것과 학생들의 독특성에 대한 시각을 가지고, 우리는 언제 학생들에게 요구해야 할 때인지를 알고, 언제 인내해야 할지를 안다. 더불어 학생들의 성장은 시간이 걸리는 것임을 안다. 우리는 학생들의 인도자가 되어 이끌어주고 함께 가지만 그들이 이 여정의 과정과 목적지를 충분히 알기까지에는 긴 시간이 걸린다. 그러나 낙담하거나 조급해질 필요는 없다. 하나님이 우리를 축복해주실 것이라는 기대를 가지고 일하면 된다. 그러므로 우리는 그분을 의지하고 은혜의 주님이 우리를 그분의 일에 사용하실 것이라는 믿음을 가지고 살면 된다.[21]

· **자신감** | 기독 교사들은 학생들에 대해 확신을 가진다. 그들이(그

---

21 고전 15:58.

리고 우리가) 죄인인 것을 알지만, 비록 반대의 상황이 일어나더라도 우리는 학생들에 대해 높은 기대를 품고 표현한다. 기독 교사는 현실적이지만 비관적이지 않은 인간관을 가진 사람이다.

• **신뢰성** | 신뢰할 만하다는 것은 진실을 말하는 것뿐 아니라 약속을 지키고 일관성을 깨뜨리지 않도록 노력하는 것을 의미한다. 학생들에게 있어서 순간마다 변하는 교사만큼 당황스러운 것은 없다. 질서 지키는 것과 관련하여 하루는 모든 것을 허용하고, 다음날에는 사소한 것조차 용인하지 않는 교사의 예를 생각할 수 있다. 학생들은 교사가 무엇을 기대하는지 알아야 한다.

과목 내용과 정체성

교사의 역할은 수업 진행과 수업 준비(위에서 다룬)만 있는 것이 아니다; 마찬가지로 중요한 것은 교과 내용이다. 예를 들어, 우리는 언어, 수학, 또는 화학을 가르친다. 안내자인 우리는 학생들을 인도하기에 필요한 교과 분야의 지식이 있어야 한다. 교사가 교과 분야에 대해 잘 알아야 학생들로 하여금 삶의 실재를 발견하도록 잘 지도할 수 있다. 물론 고등학교 지리 교사가 초등학교에서 지리를 가르치는 동료 교사보다 더 높은 교과 지식을 가지고 있을 것이다. 하지만 두 교사 모두 그들이 가르치는 수준의 지식을 철저히 갖추기 위해 노력해야 한다. 과목에 대한 충분한 이해는 현실과 천국으로 향하는 창문을 열기 위해 필수적이다.[22] 이런 과목에 대한 지식이 없으면 두 가지 위험이 존재한다. 하나는 교과 내용과 기독교인 정체성 사이에 연결 고리가 없다는 것이고, 다른 것은 연결 고리가 있더라도 단순히 단어의 나열로만 만들어진다는 것이다.

책임감 있는 섬김

기독 교사들은 학생들의 반응을 토대로 토론을 이끌고자 한다. 언뜻 보기에 토론 상황에서 교사의 역할은 최소라고 생각할 수 있다. 기독 교사들의 역할이 불가피하고 중요하다고 하더라도 우리가 그 중심에 있는 것을 바라지는 않는다. 이를 위해서 우리는 학생들이 그들의 수준에서 어떤 것을 스스로 할 수 있는지, 우리가 어느 시점에 이끌고 도와주어야 하는지를 알아야 한다. 가능한 한 학생들에게 스스로 발견할 수 있는 기회를 주어야 한다. 학생들이 성경에 기초한 책임감 있는 선택을 하고 스스로의 의견을 분명히 표현하게 될 때 우리는 기쁨을 느낄 수 있다.

---

22 Mackay, E. (2014). *Een venster op de hemel*. Biesta, G. (2013). *The beautiful risk of education*. p. 59 et seq.

본보기

이러한 선택을 하고 선택한 것을 말로 옮길 때, 우리는 학생들에게 본보기가 될 수 있다. 우리가 완전해서가 아니라, 그저 가식 없이 하나님을 의지하면서 일하기 때문이다. 학생들은 우리의 말을 들을 뿐 아니라, 우리의 행동을 보게 된다.

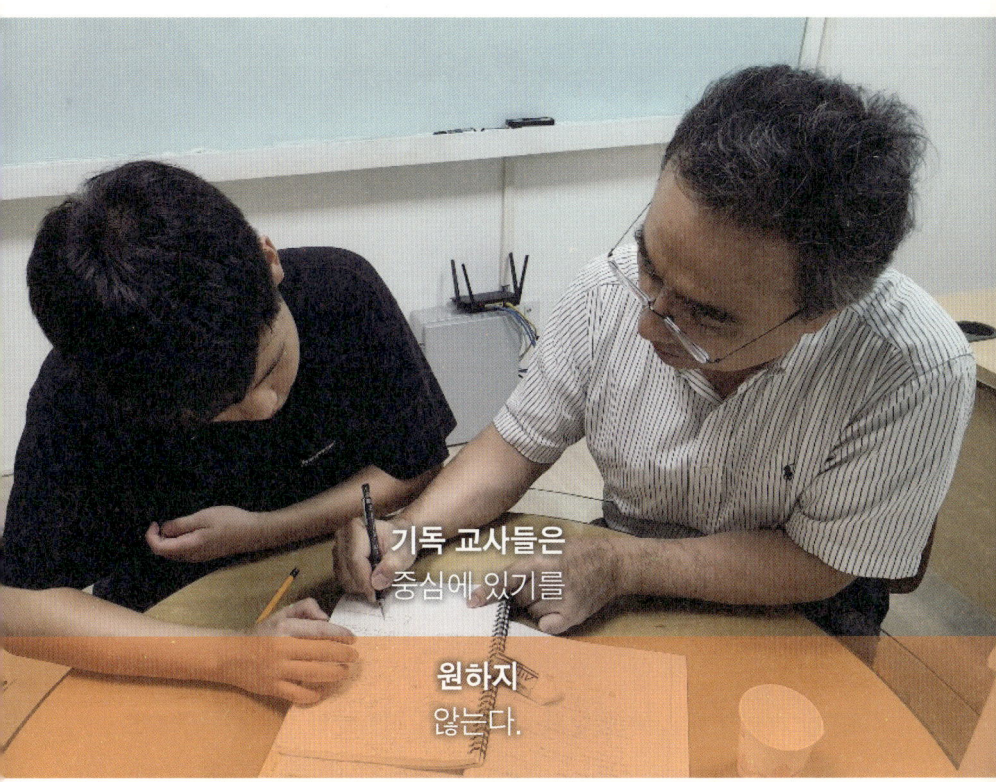

2.2. 학생

"아이들의 다양성으로 인해 학급을 운영하는 것이 큰 도전이 됩니다. 한 여자 아이가 생각나네요. 8학년 학생인데 많은 관심을 요구하고 과시하려 했습니다. 저는 이 아이가 가정의 문제로 이런 행동을 한다고 짐작하면서도 때때로 화가 났습니다. 아이를 볼 때 의식적으로 하나님이 이 아이를 사랑한다고 생각하고자 했습니다. 그분이 이 아이를 만드셨습니다. 제가 누구이기에 이 아이에게 짜증을 내는 것일까요? 여기서 제 기독교적 인간관을 앞세웠습니다. 우리 모두 하나님의 형상으로 창조되었습니다. 그 학생이 그런 것처럼, 저 역시도 하나님의 용서하심이 필요합니다."

아이를 보다.

마태복음 19장에 부모들이 예수님께 아이들을 데려온 이야기가 나온다. 제자들은 실제 아이들을 보지 않고 어른들에게 관심을 가졌다. 하지만 예수님은 아이들에게 관심을 보이셨다. 우리 스스로에게 질문해보자. 실제 학생들에게 관심을 두고 있는가? 학생들을 그저 하나의 "사례(case)"로만 여기지는 않는가? 다루기 어려운 유형, 잘 따라오지 않는 유형의 아이, 그런 식으로만 말이다. 위에서 언급한 성경 말씀은 우리 교사들이 아이들을 진정으로 보는 것이

> **독특한 성품**
>
> 교사 앤은 아이들이 원으로 앉아 자신이 경험한 것을 말하는 것이 아름다운 순간임을 발견한다. 제이콥은 항상 다른 학생들이 이야기하는 것에 관심을 가지지만, 스스로는 아무것도 경험하려 하지 않는다. 조앤느는 여러 종류의 멋진 이야기들을 하지만, 때때로 사촌 헬렌이 무례하게 나서서 정정한다: "야, 그거 사실이 아니야!" 한 번은 메리가 말하기 시작했고, 말을 멈추지 않았다. 메리는 이야기하는 것을 좋아한다. 교사 앤은 이 모든 것을 좋아하지만, 토론 중에 드러나는 몇 가지 사안들은 정정해 줄 필요가 있다고 생각했다.

얼마나 중요한 것인지 말해준다.

여기서 질문이 생긴다. 어떻게 그들을 보냐는 것이다. 우리의 가르치는 행위는 우리가 인간, 특히 아이들을 어떻게 바라보는지에 영향을 받는다. 가르치는 일을 하는 모든 사람들은 아이들에 대한 그들만의 관점이 있는데 대부분 의식적이기보다는 무의식적으로 느끼는 것이다. 자신의 관점을 확인하는 것이 중요하다: 기독교사로서 우리는 어떤 시각으로 아이들을 바라보아야 할까?

관계 속에서 창조되다.

새로운 반을 맡게 되는 모든 교사는 그들의 학생이 아무것도 쓰이지 않은 백지상태로 교실에 들어오는 것이 아님을 안다. 그들은 벌써 그들만의 이야기를 가지고 있다. 학생의 이야기는 창조주로부터 시작된다.[23] 이는 즉각적으로 모든 학생들에게 높은 가치를 부여하고, 우리가 아이들을 바라보는 시각에 중요한 역할을 한다.

---

23 시 139:15-16.

아이들이 귀한 것은 그들이 가지고 있는 그 어떤 것 때문이 아니라 하나님께서 그의 형상대로 창조하셨기 때문이다.

교실에서 우리 앞에 앉아 있는 학생들은 하나님과의 관계, 다른 사람들과의 관계를 통해 성장하고 있다. 이것은 그들이 관계를 형성하도록 창조되었음을 의미한다. 가르치는 상황에서 이 점은 매우 중요하다. 즉, 그들이 배우는 과정은 항상 교사 그리고 친구들 사이의 관계에서 일어난다는 것이다. 이런 관계는 장점으로도, 혹은 단점으로도 작용할 수 있다.

순례자들

교사들처럼, 아이들도 인생의 여정 중에 있다. 주님은 그들에게 특별한 재능을 주셔서 이 땅에 보내셨다. 그 재능으로 그들은 이 땅에서 자신의 역할을 감당하게 된다. 또한 그들은 하나님을 만나는 여정을 경험하고 그 모든 여정은 코람데오(Coram Deo), 즉 하나님의 임재 앞에서 이뤄진다. 그러므로 학생은 하나님의 부르심에 답하며 책임감을 가지고 여정을 떠나는 사람이다.[24] 교사로서 우리

24　Muynck, A. de (2016). *Pelgrimage. Christelijk leraarschap tussen roeping en vreemdelingschap. Eindrapport lectoraat Christelijk leraarschap*. (순례. 소명과 이방인 됨 사이에서 기독교적 가르침. 기독교적 가르침에 관한 강의 최종 보고서). Gouda: Driestar educatief.

는 학생들이 인생의 여정, 배움의 여정에서 최선을 다하도록 돕고 호소하게 된다. 한편으로는 학생들이 우리가 가르치는 것을 수용적인 태도로 받기를 기대하고, 또 다른 한편으로는 그들이 배움의 책임감을 가지고 적극적인 태도를 취하기를 기대한다. 우리는 학생들이 적절한 배움의 여정을 수행하도록 노력하기를 기대한다.

기독 교사인 우리는 학생들이 좋은 방향으로의 여정을 떠나는 일이 저절로 되지 않음을 안다. 우리처럼 학생들도 죄인이고 모든 학생이 아버지의 집으로 향하는 순례자도 아니다. 모든 학생들은 마음의 재창조(Re-creation)를 겪어야 한다. 이 표현으로 교육이나 양육에서 다뤄야 하는 것을 충분히 설명하기는 어렵다. 도덕적 경각심은 신앙을 가졌다 해서 저절로 나오는 것이 아니기에 하나님이 주신 계명이 가르치는 바를 학교의 다양한 곳에서 배워야 한다.

특별한 선물

창조된 인간으로서 아이들은 각자 특정한 재능을 선물로 받았다. 아이들은 정상적인 발달의 과정을 통해 어느 정도의 자신감, 호기심, 수용성을 키워간다. 하지만 성장이 항상 일반적인 양상으로만 나타나는 것은 아니다. 때때로 학생들이 행복하지 않은 상황을 본다. 정서적 장애가 자존감에 영향을 미치고 스스로 살아갈 능력을 잃게도 만든다. 이런 아이들에게는 교실에서의 활동에 참여하는 것이 어려워진다. 창조된 모든 것에서와 같이 아이들은 성장한다. 특히 그들의 재능을 사용하는 면에서 그렇다. 기독 교사는 이것을 사실로 받아들일 뿐 아니라, 이를 아이들의 소명으로 여긴다. 이 말은 아이들로 하여금 다른 사람의 유익을 위해서, 그리고 하나님의 영광을 위해서 그들의 재능을 사용하도록 독려해야 함을 의미한다. "아이들로부터 최고의 것을 끌어내기" 위함이[25] 아니라, 학생들이 하나님께로부터 받은 재능을 하나님의 영광을 드러내기 위해 개발할 것을 소망하고 기대하면서 말이다.

우리 학생들이 받은 재능은 독특하다. 창조의 모습은 다양한 품성, 성격, 달란트, 그리고 능력으로 나타난다. 마음(mind), 심장(heart), 손(hand)의 선물이 될 수 있으며, 각 재능의 크기도 서로 다르다. 그러나 학생 존재의 가치는 지능이나 재능의 정도에 달려 있지 않다. 우리가 교실을 둘러보면 각 학생마다 가치 있는 재능을 가지고 있고, 그것은 많고 적음의 문제가 아님을 알 수 있다. 정원사 혹은 조경 건축가로 자라나는 두 학생 모두 하나님 나라에서

---

[25] "학생들로부터 최고의 것을 얻어 낸다"는 표현은 조금 위험한데 왜냐하면 이것은 학생들이 마치 "원광석"에서 보석을 추출하듯 착취당해야 함을 암시하기 때문이다. 이는 "하나님의 영광과 이웃을 섬기기 위해 사용되어야 할 은사들"이라는 의미가 되어야 할 것이다.

쓰임 받게 될 것이다. 학생들로 하여금 그들이 받은 재능의 선물과 가능성을 찾는 것, 그리고 선물을 받지 않은 영역이 무엇인지 알게 하는 것이 중요하다. 이럴 때 하나님의 임재 안에서 각자에게 주신 선물을 감사하게 사용하는 균형 있는 사람으로 성장하게 된다. 때로 우리는 이것이 눈 앞에서 일어나는 것을 본다.

한 학생의 가치는 그들의 지능이나 재능의 범위에 있지 않다.

> **친구와 사는**
>
> 이것은 사실 재닛(직업 중등학교, 4학년)과의 대화 중 일부이다. 핵심은 발표를 할 수 없다는 것이다. 그리고는 자신의 상황을 말해주었다: 그녀는 집에서 더 이상 견딜 수가 없어 친구 집에서 지내고 있는데 발표 자료는 여전히 집에 있다는 것이다. 재닛이 교실로 들어올 때 교사 애덤은 문에 서 있었는데 조금 당황하였다. 여러 질문이 떠올랐지만, 물어보지 않았다. 그는 그저, "힘든 상황이겠구나, 힘내렴!"이라고만 했다. 한 번 더, 그는 학생들이 교사는 알 수 없는 마음의 짐을 가지고 있다는 것을 깨달았다.

환경

교실에서 만나는 학생들은 벌써 각자 나름의 이야기가 있다. 하나님은 양육을 책임질 가정의 부모에게 그들을 보내셨다. 그로 인해 학생들은 특정한 방향으로 성장하게 된다. 때로 학생들은 이미 기독교인의 환경에서 성장한다. 이 경우 가족과 교회는 학생들을 향해 특정한 기대를 가지고 그들이 성장해야 할 방향으로 이끈다. 우리는 가정마다 환경이 매우 다르다는 것을 알고 있다. 예를 들어, 자녀 양육 스타일, 지원, 가족이나 친척 내의 문제 등이 있다. 가족과 교회의 배경은 학생들에게 자극원이 되기도 한다. 학생들 중에는 어떤 유형이 되었든 간에 가정에서 받은 상처를 그대로 교실에 가져오기도 한다.

다른 영향

학교는 학생들의 인생에서 경험하는 다양한 사회화 기관 중 하나이다. 즉, 아이들은 사회화를 경험할 다른 환경에도 속해 있다. 아이들이 자라면서 사회적 유대도 점점 강해지게 되어 그 어떤 어린아이라도 홀로 외딴 섬에 살지는 않는다. 어려서부터 친구들은 중요한 역할을 한다. 특히 소셜 미디어를 통한 공동체의 영향 또한 증가한다. 그 결과 우리 학생들은 크던 작던 간에 교회나 기독교 가정에서 제시하는 것과는 확연히 차이가 있는 시대정신의 영향을 받게 된다.

> **우리는 인간을 본다.**
>
> 교사 데이비드가 수업 중에 난민에 대한 문제를 다루었는데 이때 학생들이 선입견을 가지지 않고 그 주제를 바라보게 하는 것이 중요하다. 그는 토론을 시작하며 난민으로 꽉 찬 곧 망가질 것 같은 배의 사진을 보여주었다. "무엇이 보이니?" 그가 학생들에게 질문한다. 다양한 답들이 나왔다. 토론을 통해 교사 데이비드는 학생들로 하여금 기초적인 답을 내도록 했다: "우리는 인간이 보여요." 그리고 그는 다음 단계로 이끌어 간다: "이 사람들은 우리처럼 하나님에 의해 창조된 사람들이에요." 그러나, 매튜로 인해 방해를 받았다. 그는 큰 목소리로, "우리 아빠가 그러는데, 그들은 게을러서 일하기 싫고, 유럽에 와서 살려고 오는거래요." 데이비드의 뇌리에는 이런 질문이 스쳤다: "어떻게 하면 매튜에게 난민들도 하나님이 창조한 사람이라는 것을 설명할 수 있을까?"

3장

교육 과정, 교수학 및 교수법

휴식 시간이 끝날 때였다. 5학년 노아가 뛰어 들어왔다. 그는 아비 선생님 앞에 와서 멈추고 숨을 몰아쉬었다. "선생님 오늘 아침에 벌들이 죽어가고 있는 것에 대하여 말씀하셨지요. 만약 이 곤충이 그렇게 중요하다면, 세상이 계속 존재할 수 있을까요?" 아비는 다소 놀랐다. 선생님은 벌들의 세상에 대한 자신의 가르침이 그렇게 걱정스러운 질문을 일으키리라고 생각하지 못했었다. 그녀는 말했다 "노아야 나는 너의 질문을 이해한단다. 그런데 나는 지금은 즉각적인 대답을 가지고 있지 않아. 오늘 오후에 네가 운동하러 가기 전에 그것에 대해 우리 이야기하자." 그러자 그는 매우 기뻐하였다. 이 질문은 다음으로 이어지는 수업에 대한 얼마나 강력한 도

입이 될 것인가: 학생들이 자연에 있는 것들의 관계성에 대하여 생각하도록 하고 신문에 보도된 것을 가지고 무엇인가를 하며 그것을 이해하기 위한 읽기 수업과 직접적으로 연결하게 될 것이다. 아마도 그녀는 그것들을 더 깊이 이해하기 위해 뛰어드는 데 성공하게 될 것이다. 하나님의 놀라운 창조 세계 안에서 그런 일들이 일어난다는 것은 어떻게 가능한가?

3.1. 교육 과정

아비 선생님의 학생들이 그녀를 놀라게 한 것과 같이 모든 교사들은 그러한 순간들을 알고 있다: 이것이 바로 내가 이 일을 하고 있는 이유다. 우리는 이와 같은 순간을 매일 갖고 싶어 한다. 그러나 종종 우리는 평범하게 반복되는 일상으로 그것들을 한다. 더욱이 가르침은 우리가 대답을 찾는데 어려움이 있는 학생들의 질문에 의해 특징지어진다. 때때로 우리는 바로 다음의 도전이 일어날 때까지 하나의 문제를 풀지 못할 때도 있다.

조화와 깨어짐

아비가 벌들에 대하여 학생들에게 말할 때 그녀는 창조 세계의 어떤 것을 열어 보여주는 것이다. 하나님의 선한 일들은 우리 주변

어디에서나 볼 수 있다. 우리가 수업에서 실제에 대하여 말할 때 우리는 학생들이 하나님의 창의적이고 돌보시는 손길의 무엇을 보도록 기회를 주는 것이다. 그러나 세상은 전체가 조화 속에 있는 것은 아니다. 그것은 죄, 고통, 폭력, 그리고 불의로 가득하다. 기독교사는 실제를 낭만적인 낙원으로 제시하는 것이 아니라 세상을 실제와 같은 모습으로 설명한다. 그것은 하나님이 의도하셨던 것처럼 사랑스럽지 못하다. 인간이 악을 행하고 하나님을 무시하는 방향으로 기울어졌기 때문에 그들은 그것에 대한 존중이 없이 유리한 방향으로 취하는 경향이 있다.[26] 창조 세계는 죄의 결과 때문에 신음하고 있다.[27] 노아는 미래에 대한 그의 관심으로 인해 의롭다 여김을 받았다. 아비 선생님은 숲에 대하여 말할 때에도 인간이 했던 잘못된 선택의 결과를 설명한다. 많은 사실이 다루어지는 교과에서는 이러한 결과들이 항상 보이게 된다.

> **조화**
>
> 당신이 만약 벌들이 꿀을 만드는 것을 시간을 가지고 살펴본다면 벌들 사이에 있는 조화에 놀라게 될 것이다. 얼마나 그들이 함께 잘 일하는지! 벌들을 만드신 하나님은 얼마나 놀라운가! 모든 벌들이 전체 공동체를 섬긴다. 벌들은 전체 공동체를 위해 음식물을 가져오는 것을 절대로 멈추지 않는다. 참으로 인간이 벌꿀을 즐길 수 있다는 것이 얼마나 특별한가!

---

26 창 3:17; 4:23.
27 롬 8:19-22.

하나님의 실제

교사들은 학생들이 세상의 지식을 얻도록 돕는다. 그것은 하나님의 세상이다. 그것의 아름다운 측면과 파괴된 측면 양쪽 다 그렇다.[28] 기독교적 가르침은 지식이 중립적으로 전해지고 거기에 교사의 약간의 진술이 더해지는 것을 의미하지 않는다. 학교에서 가르쳐지는 모든 교과의 내용들은 하늘과 땅을 지으신 전능하신 하나님을 언급한다.[29] 어거스틴에 따르면 지식을 습득하는 것은 우리 마음의 눈을 하나님께로 향하도록 의도하는 것이다.[30] 학교의 책들은 학생들이 실제를 그들 자신의 것으로 알아가도록 돕기 위해 보조역할을 하는 것이다. 그러나 책은 단지 수단이다. 마치 지도를 보는 것이 그 지역을 통과하며 걷는 것과 같지 않는 것처럼 말이다. 교사는 마치 안내자가 순례자들에게 주변을 보도록 지시해주는 것같이 학생들이 주변 풍경을 살펴보도록 가르친다. 이것이 중요한 교수학적 출발점이다: 아이들 주변의 현상들은 최고의 정보가 되는 자료이

---

28 우리가 학생들에게 열어주는 이 현실관은 이 세상이 하나님으로부터 멀어졌지만 여전히 하나님께서는 만물의 창조주이시며 그의 전능하신 손으로 보존하시는 분임을 고백하는 것과 연결되어 있다.

29 이러한 통찰력은 실제를 양상으로 분류하며 각 양상에 의미의 핵이 있다고 보는 기독교 철학에 기초하고 있다. 각 양상은 특별한 의미를 가지고 있으나 동시에 서로 다른 양상들과 연계되어 있다 Hengstmengel, B. (2015). *Denken met het hart. Christelijke filosofie in de traditie van Augustinus en Calvijn*. (마음으로 생각함. 어거스틴 및 깔뱅의 전통에 선 기독교 철학). Amsterdam: Buijten en Schipperheijn. pp. 141–163.

30 Robbers, S. J. (1925). *De H. Augustinus als Peadagoog*. (교육자로서의 성 어거스틴). Den Bosch: Malmberg. p. 1.

다. 학생들에게 가능한 한 그 것이 나타나는 그대로의 실제를 자세히 보도록 하는 것이 우리의 과제이다.[31] 실제는 자연에 관심을 가진다. 그러

> **실례**
>
> 구글 지도에 의한 암스테르담의 설명은 그 도시에 대한 적절한 인상을 가져다준다. 그러나 그것은 그 도시 자체는 아니다. 학생은 오직 만남에 의해 그 도시의 실제를 알게 된다. 생물 수업에서 책에 그려진 달팽이가 아니라 놀이터 가장자리를 따라 기어가는 달팽이에 관심을 가지게 된다.

나 동시에 인간과의 관계도 관심을 가진다. 종교들 사이의 차이점과 공통점을 이해하려면 이들 종교에 대해 수업을 하는 것보다 무슬림, 힌두교인, 유대교인을 만남으로 더 잘 알 수 있다.

풍부한 다양성

실제는 풍부한 다양성을 제시한다. 그러한 이유로 우리는 많은 학교 교과들을 가지고 있다. 서구의 학교에서 전통적인 지식은 여러 가지로 분리된 교과들로 나누어져 있다. 그러나 이것은 하나님께서 세상을 창조하신 방식이 아니다. 세상에는 통일성이 있다.[32] 동료 교사들과 함께하는 교사의 일은 실제를 전체로 통일성 있게 그려주는 것이다. 실제적인 장애물들-행정적 권위들에 의해 그들

---

[31] 이러한 생각은 특히 테어 홀스트(Ter Horst)가 주장하였는데 그는 코메니우스를 다음과 같이 인용하였다: "지각에 의해 먼저 발견되지 않는 지식은 없다." Horst, W. ter (2008). *Christelijke pedagogiek als handelingswetenschap*. (행동 과학으로서 기독 교육) Kampen: Kok. 2008, p. 137.

[32] 바빙크(Bavinck, 1928)는 "유기적 정합성" 및 "집중"에 대해 말한다. 이 부분에 대한 바빙크의 사상을 분명히 이해하려면 Murre, P., Muynck, A. de & Vermeulen, H. (2012), *Vitale idealen, voorbeeldige praktijken*. p. 102 et seq 참조.

에게 부여된 의무 같은-은 기독 교사들이 통일성을 지적하고 통일성 있게 지식을 증진하는 것에 있어서 걸림돌이 되어서는 안 된다. 역사, 지리, 경제 같은 교과에서 교사들은 종종 도덕과 연결할 수 있고 사람들이 이 세상에서 어떻게 행동해야 하는지 질문할 수 있다. 언어를 가르칠 때는 과학, 생물, 지리 같은 교과와 연결할 수 있다. 유기적인 연결성을 가지고 가르치는 것은 실제의 특성에 정당한 것이고 학생들에게도 학습 경험에 더 많은 의미를 준다. 교사가 지식의 분야들을 연결하는 건전한 지식을 가지고 있는 것이 매우 중요하다.[33] 우리는 각 교과가 하나의 세계관에 특별한 공헌을 한다는 것을 지속해서 인식해야 한다.

> **이웃과의 만남**
>
> 모든 학교는 부모들, 교직원들 그리고 학생들이 종종 다른 사람들에게 편견을 가지게 되는 것을 경험한다. 우리 학교에서 학생들이 운동장을 지나는 다른 피부색의 동료 시민들에게 공격적인 지적을 하는 불쾌한 상황으로 인도되는 것은 아주 드문 경우이다- 우리는 같은 지역에서 공립 초등학교와 접촉했다. 단체 구성원들 사이에 두 번의 회의가 있었다. 학생들은 이웃으로 보내져 지역 주민들과 대화를 시작했다. 한 그룹은 공립학교에서 온 그룹과 만났고 서로 대화하였다- 회의를 하는 동안 그들은 어떻게 다른 사람들이 그들을 바라보는지 발견하였다.

---

[33] 주제별로 생각하는 것에 약점들도 있는데 그것은 폭넓은 주제들에 관해 깊은 지식을 요구하기 때문이다. 많은 교사들은 단지 제한된 학문 분야에 훈련을 받았다. 다른 약점은 지식을 잃어버릴 위험이 있다는 것이다. 가령 네덜란드의 직업 학교들에는 역사가 인간 및 공동체 분야에 속해 더 이상 독립적인 과목이 아니다. 하지만 그렇다고 학생들이 이 학문에서 체계적인 지식을 더 이상 배우지 않는다는 의미는 아니다. 우리가 생각하기에 통합된 교육의 중요한 전제는 교사가 학제 간 폭넓은 지식을 가지고 있어야 하며 그것을 잘 가르칠 수 있어야 한다는 것이다. 마지막으로 교사는 어떻게 정합성을 가르칠지 알고 있어야 한다. 따라서 교사는 전문가인 동시에 총체적 지식을 가지고 있어야 한다.

폭넓은 형성

교육 과정의 내용은 교사의 의도에 의존한다. 우리는 교육의 세 가지 영역을 구별할 수 있다: 능력, 사회화 그리고 인격 형성이다.[34] 이러한 영역들은 또한 한 기독 교사의 목표를 형성하는데 사용될 수 있다. 능력은 학생들에게 기본적인 학문과 실제적인 기능들 혹은 사회에서 잘 기능하는데 필요한 역량들을 갖추게 하는데 관심을 갖는다. 사회화는 사회의 가치와 규범들에 익숙해지도록 하는데 관심을 가진다. 인격 형성은 독특한 개인의 발달 즉 학생들의 달란트가 다른 사람을 섬기는데 사용될 수 있도록 하는데 관심이 있다. 가능한 한 높은 능력에만 관심을 갖게 되면 기독교적 가르침은 특별히 교과 문제가 제시되는 방식에 의해 특징지어진다. 모든 분야의 학습에서 즉 수학으로부터 역사 그리고 철자법으로부터 종교 교육에까지 우리는 하나님의 실제라는 더 큰 구조 안에 그것을 위치시키는 것보다는 교과 문제를 제시함에 있어서 높은 질을 유지하려고만 한다. 사회화와 인격 형성을 참조하면서 우리는 지금 교과로서 항상 언급되지는 않지만 우리가 모든 가르침에서 중요하게 여기는 몇몇 영역을 언급하고자 한다.

---

34 Biesta, G. (2013). *The beautiful risk of education*.

교육의 세 가지 영역은
능력, 사회화
그리고
인격 형성이다.

종교적, 영적 형성

기독 교사는 학생들에게 하나님께서 자신을 어떻게 계시하는지 보여준다. 학교에서 이를 위한 중요한 시간은 단지 종교적인 수업에서뿐만이 아니며 하루를 시작하는 예배 시간과 기독교적 공휴일과 관계되는 시간만도 아니다. 학생들과 함께 또는 그들을 위하여 우리가 하는 기도 또한 종교적 형성에 공헌한다. 이것은 우리가 기도할 때 우선적인 의도가 아니다. 그러나 학생들은 예를 들면 우리가 기도에 부여하는 가치가 무엇인지를 주의 깊게 여긴다. 그리고 그들은 우리가 전 삶을 하나님께 내려놓기를 원한다는 것을 경험한다. 종교적 형성은 또한 일상적인 수업을 하는 동안에 그리고 우리와 학생들 사이의 날마다의 접촉에서도 일어난다. 종교적 형성은 교육 과정에 통합적으로 얽혀 있다. 우리는 그들의 관심을 하나님께서 창조하신 것의 아름다움과 인간의 책임성으로 이끌어준다. 우리는 그들의 관심이 인간의 권력과 쾌락으로 인한 인간과 동물들의 고통을 향하도록 요청할 수 있다. 우리는 삶의 모든 영역을 위한 성경의 권위와 하나님께 순종하는 자들을 위한 유익을 강조하여 말할 수 있다. 우리는 그리스도의 사역을 통한 화해와 재창조에 대하여 말한다. 이러한 종교적 형성에 대한 하나님의 축복을 희망하면서 우리는 하나님의 성령이 학생들 안에서 무엇을 하고 계시는지 지켜본다.

도덕적 형성

우리는 단지 학생들에게 지식과 기술만 가르치는 것이 아니라 올바른 근거에 입각한 선택을 하도록 가르친다. 우리는 마음으로 하는 대화를 갈망한다. 학생들은 그들의 죄된 본성으로 인해- 교사와 마찬가지로- 올바른 길을 자동적으로 선택하지는 않는다. 기독 교사는 아이들의 삶에 변화를 가져오도록 영향을 미치기를 추구한다. 이것은 도덕적 양심, 책임감 및 자기 훈련의 발달을 포함한다. 학생들은 다른 사람들과 사회 현상들을 향하여 올바른 태도를 보이도록 배워야 한다. 추가로 다른 신념을 가진 사람들, 궁핍한 가운데 있는 사람들 그리고 도덕적 딜레마에 있는 사람들과 접촉하는 데 대한 학습의 과정이 있다. 이 모든 것에 있어서 모델의 역할이 매우 중요하다. 우리는 하나님의 명령에 순종하는 데 있어서 학생들에게 예시를 보여야 한다. 우리는 실수할 때 솔직히 그것을 인정하고 학생들에게 하나님 앞에서 우리 자신을 겸손히 낮추며 우리의 희망을 하나님께 둔다는 것이 무엇을 의미하는지 보여주어야 한다.

심미적 형성

학생들의 여행길에 안내자로서 우리는 창조 세계와 인간에 의해 형성된 문화를 향한 그들의 관심을 불러일으킨다. 심미적 차원에서 우리 자신의 놀라움과 기쁨의 감각이 학생들에게 창조와 문화에 대한 특별한 주의를 기울이도록 자극한다.

사회-정서적 형성

교사는 학생들에게 용기를 주고 지원을 통해 그들 자신을 방어

> **참여**
>
> 어떤 교사들은 적극적으로 현실 참여적이다. 당신은 이것을 놓칠 수 없다: 그는 여기서 큰 기쁨을 발견한다.
> - 한나, 중학교 10학년 학생.

하기 위한 학생들의 자신감과 능력을 증진시킨다. 우리는 그들에게 자신의 감정, 바램 그리고 의견들을 적절히 대처하도록 가르친다. 우리는 그들에게 다른 사람들의 의견과 감정을 존중하고 함께 일하도록 가르친다. 그룹으로 하는 일을 감독하고 피드백을 주며 우리는 결과에 주목할 뿐 아니라 그들이 어떻게 함께 일하고 그것으로부터 무엇을 배우는지 과정을 평가한다.

시민으로서의 형성

교사로서 우리는 또한 학생들 안에 그들이 원칙에 따라 능동적인 참여를 요구하는 한 사회의 시민이 된다는 의식을 조성한다. 우리는 적용 가능한 규칙들과 정부의 형태 그리고 그 권위들이 가지고 있는 시민으로부터의 기대와 관련된 지식을 증진시킨다. 이러한 과정에서 학생들이 사회 현상을 기독교적 관점으로 해석하는 것을 배우는 것이 중요하다.

제한된 지식

기독 교사로서 우리는 항상 학생들이 손으로 만질 수 있는 실제를 만나는 기회를 찾는다. 그러나 이렇게 하는 데는 다양한 제한

이 있다. 먼저 어떻게 세계가 구조화되어 있는지에 대한 제한된 통찰력을 만난다. 우리는 인간이 가질 수 있는 모든 지식에 감사하지만, 단지 하나님의 세계의 풍성함이 감추고 있는 것의 한 파편만 안다는 것을 인식한다.

> **만남은 배움을 활성화시킨다.**
>
> 당신이 그 "도시"라는 주제를 토의할 때 당신은 많은 세세한 것들을 가져올 수 있다- 인구를 구성하고 있는 그룹들, 교통, 기원, 수도로서의 기능 등- 그리고 당신은 실제적인 만남이 우선이 된다는 것을 알기에 당신은 어떤 경우에도 그 도시를 갈 것이다. 만남은 학습을 활성화한다. 그러나 당신이 이야기들, 책들 그리고 인터넷 자료들로부터 얻을 수 있는 많은 양의 지식이 있다. 너무도 많은 인터넷 자료가 가능하므로 실제적인 만남의 순간을 중요하게 여기는 것이 더 중요하다.

이것은 두 번째의 실제적인 제한으로 이끈다: 실제는 너무 광대하고 다차원적인지라 우리는 선택을 해야 한다. 우리가 지식의 한 부분을 밝혀 내었을 때, 우리 아이들의 호기심을 일으킬 것 같은 새로운 세계가 열린다. 세 번째로, 우리는 권위에 의해 결정된 것이지만 우선적으로 중요한 대상물에 의해 제한을 받는다. 넷째로 모든 지식은 "소문으로부터" 온다는 것이다.

교사로서 우리 자신도 현장을 불완전하게 알게 된다. 그리고 우리는 다른 출처로부터 그것에 대해 안다. 그러므로 우리는 모든 종류의 다른 자원들, 책, 사물, 이야기 그리고 인터넷 자료를 사용한다. 하지만 우리 자신이 배우고 이해한 모든 것들과 비교되는 다른 무수한 지식이 있다. 우리는 아마 우리가 모은 상대적으로 작은 양의 지식과 통찰만 전한다. 우리는 우리의 열정 때문에 이것을 한

다.³⁵

만남은 배움을 활성화시킨다.

---

35 "열정적"이라는 말의 헬라어 어원은 하나님으로부터 영감을 받았다는 의미이다. 판 크롬브루허(Van Crombrugge)는 영감과 권위를 직접 연결시킨다. "교사에 대한 신뢰성은 그가 학생들도 반드시 함께 가야 한다고 믿고 '확신하는' 흥미로운 여행을 함께 떠나는 것이다." Crombrugge, H. van (2007). *De leerkracht als het na te volgen voorbeeld*. (따라야 할 모범으로서의 교사). In: Tongeren, P. van en Pasman-de Roo (red.). *Voorbeeldig onderwijs*. (모범을 보이는 교육) (pp. 95-110). Nijmegen: Valkhof Pers, p. 104.

3.2. 지식과 지혜

우리 사회에서 지식이라는 말은 대부분의 경우 우리가 무엇인가를 위해 이용할 수 있는 정보를 의미한다. 하지만 성경에서 지식의 개념은 그 이상을 포함한다. 그것은 관계에 관심을 가진다. 성경에서 안다는 것은 많은 경우에 소통, 친밀한 지식 그리고 누군가와 연대한다는 것과 연결된다. 인지적 측면 외에 정서적인 것을 항상 포함한다. 성경에서 지혜는 우리가 지식을 그 어떤 결과를 고려하여 다루는 것을 나타낸다. 하나님과 우리 자신을 아는 지식이 없이 지혜롭게 된다는 것은 불가능하다. 지혜는 단지 지성의 문제와 좋은 취향의 문제가 아니라 지식과 통찰을 그리스도의 주 되심하에 위치시키는 것을 목적으로 한다.

의미 부여하기

학습은 어떤 지형을 통과하여 걷는 것에 비유될 수 있다. 학생들은 이전의 경험들을 회상하며 그것을 한다. 이러한 것들은 여러 가지 방법으로 일어나게 된다. 때로는 어떤 것을 마음으로 학습하게 되고,[36] 때로는 어떤 것이 깊은 인상을 주었기 때문에 학습이 일어

---

[36] 젊은 학생들은 많은 것들을 당연한 것으로 내재화시킨다. 교육에서 읽기, 철자 적기 및 산수와 같은 기본적인 것들은 의도적으로 내재화시킨다. 따라서 가르침은 의미 획득을 추구하는데

난다. 경험들을 그들이 이미 알고 있는 것과 연결하면서 학생들은 그들 주위에 있는 새로운 것들을 취한다. 교사는 그것을 설명하고 지시해 주는 안내자이다. 우리는 시대에 따라 생성되어왔던 지식의 중재자이다.

이러한 측면에서 교사는 주는 사람이고 학생은 받는 사람이다. 알려질 수 있는 많은 것들이 역사의 과정에서 지식의 보편적인 보물이 되어왔다. 교사는 이러한 지식의 보물을 말로 전환한다. 우리는 이야기꾼으로서 중요한 역할을 가지고 있다. 우리의 이야기에 의해서 우리는 지식의 보물을 학생들과 공유한다. 이것은 능동적인 과정이다. 마치 아담이 동물에게 이름을 지어주는 위임을 부여받은 것과 마찬가지로, 인간은 그들 주위의 사물들에게 의미를 부여하도록 부름을 받았다.[37] 그러므로 가르침과 배움은 의미를 더하고(교사가 교훈을 주고) 우리가 이미 이해하고 있는 것과 그 의미를 통합하는 것(학생은 교훈을 부여받고)을 포함한다. 그것을 또 다른 방

이것이 내재화의 중요성을 바꾸지는 않는다. 카(Carr)는 뇌에 길을 만드는 의미로 내재화의 중요성을 강조한다. 동시에 그는 의식하지 못하는 내재화로 인해 어린이들이 깊이 있는 배움을 하지 못하도록 하는 소셜 미디어에 대해 경고한다. Carr, N. (2014). *The glass cage. How our computers are changing us*. New York: W.W. Norton & Company.

[37] 우리가 여기서 언급하는 것은 "존재의 유비(*analogia entis*)"라고 한다. 이 개념은 창조주에 의해 세워진 질서와 아담이 이 질서를 부르는 언어 간의 연결성을 의미한다. 의미를 부여하고 의미를 찾는 것과 구성주의와의 연결에 관해서는 Muynck, A. de & Van der Walt, J.L. (eds.) (2006). *The call to know the world. A view on constructivism and education*. Dixit international series, vol I. Amsterdam: Buijten & Schipperheijn. 참조.

식으로 부여함으로, 가르침과 배움은 그 두 가지가 동시에 일어나는 발견 여행이다: 문화 속에서 하나님에 의해 이미 부여되어진 의미를 발견하고, 그리고 우리 주변의 세계에 대한 개인적인 해석으로서 의미를 부여하는 것이다.

지혜

하나님의 율법은 지식의 경계와 방향을, 생명을 주는 길로 안내해준다. 지식을 하나님께 순종하는 방향으로 개발하는 사람은 지혜를 개발한다. 이 말은 지식이 매일의 생활에서 분별의 힘에 대한 것임을 보여준다.[38] 올바른 기술들을 가지고 다른 사람들이 이미 아는 것에 대한 정보를 알게 되는 것이 중요하다. 여기에서 분별의 힘이 중요한데 왜냐하면 그것은 취해야 할 최선의 과정을 결정하는 데 도움을 주기 때문이다. 지혜를 얻는 것은 세계를 주의 깊게 살펴보고 그것을 어떻게 다루어야 할지 배우는 것을 의미한다. 하나님의 계명들에 순종하여 지혜를 얻는다는 것은 하나의 시도를 하고 그것을 다시 하는 것이다.[39] 기독 교사로서 우리는 학생들이 지식과 통찰에서 실패하는 것을 기대하되 인내를 가지고 다시 일어서도록 돕

---

38 Heino, G. (2016). *Spreukenwijsheid voor begeleiding*. (감독을 위한 잠언의 지혜) Dissertation. Pretoria: UNISA.

39 Raes, P. (2015). *Christelijk Leraarschap*.

는다.

기술들

지식과 지혜에 대한 이러한 관점은 우리가 기술들의 교수와 실습을 보는 방식에도 결과적으로 영향을 준다. 그것은 유치원 교실에서 계산하고 문자를 인지하는 것으로 시작하고 그 후에 초등학교에서 읽기를 배우고 산술을 하는 것으로 진행하며 고등학교에서 외국어 어휘를 배우는 것으로 진행한다. 이러한 기술들은 학생들이 그들 자신의 의미를 만드는데 부분을 형성한다.[40] 이것은 기본적인 역량들, 예를 들면 역사와 생물 같은 과목을 위한 것만큼과 마찬가지로 산술과 수학 혹은 단어와 말하기의 유창성에 응용된다. 예를 들면, 숫자들과 수식들은 그것이 실제의 다른 측면에 질서를 부여하는 가능성을 열어주기 때문에 의미가 있다. 그러므로 기초 과목들은 다른 과목들보다 열등하지 않다. 직업 훈련에서의 실제적인 과목들은 일반적인 형식적인 과목들보다 덜 중요하지 않다. 그것들은 모두 하나님이 창조하신 실제의 부분들이다. 모든

40　부분적 기술과 전체와의 관계에 관해서는 "실천(praxis)"과 "생산(poiesis)" 개념에 의해 이해될 수 있다. Muynck, A. de (2006). "De praktijk van het onderwijs (교육의 실제)" In: Jochemsen, H., Kuiper, R. & Muynck, A. de, *Een theorie over praktijken. Normatief praktijkmodel voor zorg, sociaal werk en onderwijs.* (실제에 관한 이론. 돌봄, 사회사업 및 교육 실천의 규범적 모델). (pp. 55-80). Amsterdam: Buijten & Schipperheijn. 참고. 어거스틴의 저작들을 보면 하나의 능력이 다른 것으로 연결되는 것은 진리를 조금씩 더 알아가는 기능을 가지고 있다. (Robbers, 1925: 27).

교육은 실제와 그 실제 속에서 어떻게 행해야 할지를 알고 이해하는데 공헌한다. 더욱이 실제적인 과목들은 다른 영역에서 배운 것들을 통합한다.[41]

일상생활

우리가 받는 교육의 많은 부분은 일상의 것들을 숙달하는 것으로 구성된다. 기독교적 가르침은 일상생활 어디에서나 감사를 드리고 날마다의 일들에서 기뻐하는 것을 잘 보여준다. 일상의 모든 것들이 하나님으로부터 온 선물이다. 1학년 선생님은 한 학생이 잠시 동안 단지 단어를 읽기 시작하는 것만 보아도 너무나 기쁘지 않는가. 두 학생들 사이에 다툼이 해결되고 교실에 다시 평화가 찾아올 때 너무나 기쁘지 않는가. 기독 교사는 그들의 일을 바라볼 때 일상의 모든 일들이 특별하다.

그러므로 우리는 단지 특별한 순간에만 의존하여 살 수 없다. 최고의 순간들은 다 의미가 있다. 그러나 가르침의 반복적인 일상에서도 마찬가지로 중요한 것이 학습된다. 교육은 교사와 학생들이 함께 만들어가는 리듬에서 실현된다. 교사와 학생들이 서로 날마

---

41 "문법학자들과 시인들에 의하면 우리는 여기에 머물기 위해 있는 것이 아니라 단지 여행하는 것이다."라고 어거스틴은 말했는데 이는 그들이 특히 기술적인 것들을 이전하고 있음을 의미한다. (Robbers, 1925: 27). 어거스틴이 언급하는 "시인들"은 우리가 보통 의미하는 낭만적인 뜻이 아니라 시를 쓸 능력을 갖춘 기능인을 의미한다.

다 이야기하는 방식은 사회적 기술로 수업에서 학습될 수 있는 것처럼 분명하게 무엇이 좋은 태도인지를 보여준다. 우리가 기독 교사로서 학생들과 만나면서 보여주는 습관들은 우리의 기독교적 정체성의 표현이다.[42] 우리가 인내함으로 교실의 규칙을 실천할 때 학생들은 그들이 어떤 태도를 취해야 하는지를 알게 될 것이다. 일상에서 매일의 예배는 신호를 보내는 것이다. 그러나 온종일 하는 우리의 공정한 태도는 소리를 높여 말해준다.

3.3. 교수학

가르침과 교육은 교수학에 매우 깊은 관련이 있다.[43] "교수학"의 기원이 되는 "교육(pedagogue)"이라는 말은 학생들을 이끌고 동행하는 안내자를 언급한다. 교육은 학생들을 섬기고 이 과정에서 자신의 무언가를 주는 것이다. 앞장에서 우리가 보았듯이 교사의 인격적인 행동이 중요하다. 우리는 만약 우리가 하는 모든 것이 아이들과 청소년들의 형성에 영향을 미친다는 것을 인식할 때 우리의

---

[42] Smith, J. K. A. (2009). *Desiring the kingdom: Worship, worldview and cultural formation*. Grand Rapids, Baker Academic.

[43] "교수학(pedagogy)"이라는 단어는 영어권에서는 잘 쓰이지 않는다. 이것은 학생들을 지도하고 감독하기 위해 교사가 행하는 기술적인 스타일을 의미한다. 이 단어를 보다 더 잘 이해하려면 Van Manen, M. (2015). *Pedagogical tact: Knowing what to do when you don't know what to do*. Walnut Creek CA: Left Coast Press. 참고.

일을 올바로 할 수 있다. 우리의 행동은 신뢰의 관계에 근거할 때 교육적인 것이다.[44]

> **스마일**
>
> 나는 "동전이 떨어지고" 학생들이 좋은 결과를 얻을 때 그것을 즐긴다. 그러나 나는 또한 학생이 어떤 문제로 어려움을 겪을 때에도 함께 있기를 원한다. 예를 들면, "너의 얼굴에 미소를 보고 싶어"라고 말할 것이다. 이것은 종종 대화를 시작하기 위한 좋은 실마리를 제공한다.[45]

교사로서 우리는 학생들을 신뢰한다. 학생들은 그들이 우리에게 의존할 수 있다는 것을 아마도 신뢰할 것이다. 신뢰의 관계는 모든 교수학의 기초이다. 기독교적 교수학의 내용은 아래 일곱 개의 단어들로 설명될 수 있다. 이러한 방법으로 우리는 어떻게 교수학이 인간에 대한 기독교적 관점에 기초하고 있는지를 보여준다. 우리는 그것을 간단히 설명할 것이다. 핵심 단어들을 진하게 표시했다. 3.4.의 교수법에서 어떻게 기독교적 가르침이 매일의 실천에서 이러한 교수적인 핵심 단어들이 스며들게 되는지 분명하게 보게 될 것이다.[46]

교수학은 넓은 의미에서 마치 정원사가 식물의 꽃을 피우기를 목적으로 하는 것같이 학생들의 성장에서 **발달**을 목적으로 한다.

---

44 교수학적 관계에서 교사는 학생들을 "안다." 성경적 의미에서 이 안다는 것은 앞서 설명한 바와 같이 친밀한 지식을 의미하며 서로 친밀함을 뜻한다.

45 DRS magazine, 42/9, p. 15, November 2013에서 예를 가져옴.

46 이 일곱 단어들은 교사 교육을 위한 드리스타 기독 대학교에서 교사 훈련을 위한 교수법적 프로그램에 사용되고 있다.

> **문제를 함께 해결하기**
>
> 내 의견으로는 교사들이 학생들과 친구가 되는 것이 중요하다. 그것은 교사들이 먼저 학생들의 눈높이로 낮추는 것이다. 교사들이 먼저 친절한 태도를 보이는 것이다: 우리는 이것을 어떻게 해결해야 할까? 그것은 당신이 목적을 향하여 탐구하려고 할 때 함께 일하면 되는 것이다.
>
> - 조나단, 중학교 10학년 학생

학생들의 **독특성**에 바르게 대하기 위해 우리는 개인적인 가르침의 필요에 적응한다. 우리는 우리가 번성을 촉진시키기 위해 무엇을 해야 하는지를 알고 그러한 방식으로 행동을 "읽을" 수 있다. 더욱이 우리는 학생들 자신의 **책임감**에 호소한다. 가르침에 있어서 우리는 학생들이 그들의 의무를 수행하기 위한 책임감을 부여한다. 이것은 **관계성** 속에서 수행되어야 한다. 우리는 학생과 교사 사이의 관계성을 가르침의 기본적인 부분으로 본다. 교사는 지금 그리고 다시 도움이 되는 제안을 하는 구경꾼이 아니라 독특한 사람의 발달을 위해 책임을 가지고 있는 사람이다. 교수하는 역할 이외에 우리는 감독의 역할 또한 가지고 있다. 재능의 발달이 가능하게 하려면 우리는 충분한 도전이 되는 자료가 제시되도록 좋은 **학습 환경**을 제공해야 한다. 우리의 개인적인 수업뿐만 아니라 수업 프로그램들의 **조직**은 가능한 많은 학생이 우리의 투입으로 동시에 유익을 얻을 수 있도록 해야 한다. 주변 세계의 대부분의 가르침은 항상 하나의 수업을 전부로 가르치는 것이다. 그러므로 교사로서 우리는 우리의 그룹 안에 질서를 만드는 달란트를 개발해야 하거나 또는 필요할 때 그것을 회복해야 한다. 질서는 평화의 기초이다. 우리는 모든 것이 멈추도록 제어함으로 질서를 세우는데 있어서 우연적인 지도자가 아니라 권위를 가지고 있다.[47] 우리는 이 권위를 학생들의 복지를 위해 사용하도록 하나님으로부터 부여받았다. 그러나 우리의 권위는 제한적이다. 그것은 그 자체를 위한 것이거나 개인적인 교사의 힘을 확증하기 위한 것이 아니라 사랑의 계명을 표시하는 것과 관계 있다. 우리의 권위를 행사함에 있어서 우리는 다른 사람들을 섬기기 위해 부름을 받았다는 것을 안다.

3.4. 교수법

교수법은 가르침의 예술이자 지식이다. 수업이 어떻게 진행될지 미리 생각함으로써 우리는 의도적으로 우

단계적으로 설명하기

그는 하나씩 단계적으로 매우 잘 설명할 수 있었다. 네가 어떤 점을 이해하지 못한다면 그것이 무엇인지 말했어야 한다. 그러면 그는 자주 네가 무엇을 파악하지 못했고 왜 그랬는지를 이해했을 것이다.

- 아르노, 중학교 졸업생[48]

리의 교육 목표에 관해 집중하고 있다. 이것은 우리의 학생들이 유

---

47 아래에 언급한 권위에 관한 통찰은 Brinke, J. J. ten & Muynck, A. de (2014). *Verleende volmacht. Nieuwe gehoorzaamheid in kerk, gezin, school en samenleving*. (위임받은 권위. 가정, 학교, 교회 및 사회에서의 새로운 순종). Heerenveen: Royal Jongbloed. 참조.

48 Roeleveld, 2006, p. 91.

> **그들을 동경하도록 가르치라.**
>
> 배를 만들려면 사람들에게 나무를 모으고 업무를 할당하여 일하게 하지 말고 오히려 끝없는 바다의 광대함을 동경하도록 가르치라.
> - 앙투안 드 생텍쥐페리(Antoine de Saint-Exupéry)

망한 미래로 나아가기를 바라기 때문이다(1장 참조).

"기독교 교육학 프로젝트"[49]에 있어 교수법에 관한 지식은 매우 중요하다. 교수법은 학생들이 주제를 마스터하도록 우리가 도와주는 길에 관한 것이다. 교수법은 언제 우리가 이야기를 해주는 것이 가장 좋은지, 언제 그리고 어떻게 학생들이 무엇을 암기하도록 해야 하는지 그리고 우리가 어떻게 연습하게 하며 어떤 유형의 연습을 해야 하는지 가르쳐 준다. 각 교사는 작업 형식의 레퍼토리를 서서히 확대하며 언제 어떻게 이것들을 활용할 것인지에 대한 지식을 획득한다.

가르침에도 기술적인 부분이 있지만 그것이 단지 기계적인 활동만은 아니다. 교수법은 또한 학생들에게 창의성과 전략을 요구하는 대화의 예술이다. 우리는 사랑과

> **잘 준비된 경기**
>
> 교수법은 목적이 있는 게임으로 선생님에 의해 사전에 규정들이 고안되었다. 이 준비 과정에서 교사는 학생들에게 스파크가 일어날 수 있도록 생각하려고 노력한다.

---

[49] "교수법적 프로젝트(Pedagogic project)"란 플레미시 교육 어휘에서 도출한 것이다. 이것은 기독 교사의 이상을 표현하는데 사용된다. 기독교적 가르침은 하나의 "프로젝트"인데 왜냐하면 수년간 이 이상에 도달하기 위해 일해 왔기 때문이다. 가르침은 교수법적 프로젝트인데 왜냐하면 학생들의 미래에 유익을 위해 일해 왔기 때문이다. 이러한 목적을 이루기 위한 수단이 바로 교수법(Didactics)이다.

인내심 그리고 친절함으로 학생들을 꾸준히 이끌어야 한다. 교수법은 교수학에 내재되어 있다.

기독교적 수업: 설계를 위한 6가지 규칙

하나의 수업이 기독교적 수업이 되는 것은 단지 템플릿만으로 될 수는 없다. 수업을 하는 것은 전통적인 방법들과 창의성 그리고 지혜가 모두 모인 하나의 예술이다. 수업을 준비하면서 우리는 교수법에서 파생된 여러 가지 가능성들, 우리가 본 사례들 그리고 우리가 실제로 행한 실험들을 사용한다. 그러나 우리가 기독 교사로 가르치는 방식은 특히 우리의 견해, 즉 자료에 대한 우리의 관점에 영향을 받는다.

본질	핵심 단어	규칙
모든 것은 신비로 가득 차 있다.	경외심	발견에 이르도록 교과를 구성하라.
인간은 관계성을 갖도록 창조되었다.	만남	수업에 학생들을 참여시키라.
마음을 터치함.	참여	학생들의 관심과 호기심을 불러일으키라.
모든 면에서 인간은 하나님 앞에서 살아간다.	책임	아이들에게 책임감을 일깨우라.
통찰력과 기술은 뿌리를 필요로 한다.	지속가능성	학생들이 주제를 자신의 것으로 만들도록 충분한 시간을 주라.
은사는 다양하다.	다양성	은사의 다양성을 언급하는 과목을 가르치라.

우리는 이러한 관점의 6가지 핵심 요소와 함께 이것이 교수법과 어떻게 연결되는지 보여준다. 수업을 준비할 때 이 규칙들을 염두에 두어야 한다. 위의 표는 앞서 언급한 관심사들이 잘 정리되어 있으며 7가지 교수법적 개념도 언급되어 있다. 위에 제시된 6가지 요점에 대해서 아래에서 하나씩 설명하도록 하겠다.

> **게임으로서의 교수법**
>
> 우리가 앞서 언급한 여섯 가지 가이드라인을 적용하는 방법은 개인적인 것이다. 우리가 수업 전, 수업하는 동안 그리고 수업 후에 무엇을 원하는지에 대한 생각이 분명해질 것이다. 우리는 교수법을 다양화할 수 있다: 교훈을 줄 수도 있고, 연습 문제를 함께 풀 수도 있으며, 전심으로 무엇인가를 배울 수도 있고, 소크라테스인인 토론도 할 수 있으며, 그룹 토론도 할 수 있고, 함께 텍스트를 자세히 읽을 수도 있다. 중요한 점은 우리가 특정한 도움을 선택한 것에 대해 정당화할 수 있어야 한다. 왜 소풍을 가고, 빈칸을 채워야 하는 수업을 하는지 그리고 왜 칠판에 제시된 과제를 해야 하는가? 교수법은 교사가 하는 게임에 비유할 수 있다. 우리가 뭔가를 가져와 토론할 수 있다.[50] 학생들은 그것을 시작할 수 있다. 그들의 이러한 반응은 부분적으로 게임의 다음 단계를 결정한다. 이 게임은 예기치 못한 많은 요소들이 있으며 따라서 미적 차원도 있다.[51]

3.4.1. 모든 것은 신비로 가득 차 있다.

현실은 광대하며 인간은 다 이해할 수 없다. 기독 교사는 그 단편을 공개하는 특권을 가지고 있으며 이를 통해 학생이 더 많이

---

50 Masschelein & Simons (2012)는 학생들이 아직 해보지 않은 어떤 것을 교사가 가져오는 것에 대해 연구했다. 이것은 그들에게 가르침이란 구성주의적으로 될 수 없는 것임을 뜻한다.
51 Veldman, 2015, 특히 194–205쪽 참고. 가르침의 예상치 못한 아름다움은 많은 교사들에게 수업하는 것을 행복한 이벤트로 만든다.

알고 경험하기를 원하도록 인도한다. 공개된 것의 질은 양보다 더 중요하다. 가령, 언어, 산술 및 수학을 숙달하는 기술에는 숨겨진 의미가 있다. 이 의미는 이후에 자연, 문화, 과학 및 문화와 과학의 기원사에서 발견된다. 우리는 학생들이 현실의 정합성을 볼 수 있도록 실생활의 문맥들을 사용하기를 선호한다. 이런 식으로 심화 학습의 비옥한 토양과 학생들을 둘러싼 것들의 개인적인 연결이 나온다. 따라서 우리는 학생들이 현실의 비밀을 이해하도록 돕는다. 보이는 세상의 창을 여는 동안 하늘의 실체에 대한 계시가 열릴 수도 있다.[52] 어떤 경우에는 이것이 명백하게 다른 경우에는 암시적으로 일어날 수도 있다.[53] 주제에 대한 우리의 관점과 지식으로부터 우리는 예상치 못한 순간들을 어떻게 활용하는지 알게 된다. 그러나 의미를 부여하는 것이 예상치 못한 순간들에 의존하는 것은 아니다. 우리는 다만 우리의 수업을 철저히 준비하여 의미를

---

[52] Mackay, 2014. 이 책은 여러 가지 구체적인 교수 사례를 설명한다. 하늘을 향한 창이 열리면 그것은 선물이다. 그것을 위한 조건은 추진될 수 있지만, 실제 골든 타임은 마련될 수 없다. "골든 타임"이란 표현은 Ter Horst (1995: 101)에게서 가져온 것이다. 그는 기회를 포착한다는 의미로 이 말을 쓰고 있다: "... 갑자기, 자연스럽게 등장하는 가장 적합한 순간... 그것은 지금 일어날 수 있고 일어나야 한다. 이 순간이 바로 그 때다. 지금 당신이 이전에 할 수 없었던 말을 해야 할 시간이다." 가르침의 실천에 대해서는: 우리 교사들은 우리 자신들, 학생들 그리고 수업의 내용 간에 어떤 일이 일어날지 항상 깨어 있어야 한다. 그리고 이와 관계된 주제도 다룰 준비가 되어 있어야 한다. 이러한 골든 타임을 활용할 때 우리의 능력이 나타나는 것이다.

[53] 우리는 이 말을 암시적으로 그리고 명시적으로 사용하는데 (강조할 때도 있고 안할 때도 있다) 그 이유는 우리가 그것을 다루는 방식뿐만 아니라 우리가 의사소통하는 것을 어느 정도 의식하는가에 대해서도 관심이 있다. 우리가 의식하지 않은 순간에도 학생들은 그 의미를 경험할 수 있다.

부여하는 그 순간이 저절로 나타나도록 할 수 있다. 말하는 방식에서 우리는 가장 중요한 순간을 위한 조건을 창조한다. 마음을 겨냥하고 만남을 의도하는 가르침은 현실의 한 차원 이상을 열어주는 가르침이다. 이러한 교육 환경은 실제로 인지할 수 있는 것만 책상 위에 두지 않는다. 때때로 우리는 사물의 아름다움, 일관성, 의미 및 중요성을 보게 된다. 학생들은 하나님의 위엄 및 지혜를 경험하며 그의 영광을 보기도 한다. 동시에 사회, 문화 및 자연에서 인간이 직면한 상태인 깨어진 세상 및 불행한 모습들도 드러난다.

학생들은 어떤 이념들이 그 (사회적) 현상 뒤에 숨어 있는지 배워야 한다. 왜 사람들은 그들이 행동하며 생각하는 방식으로 행동하고 생각하는가? 이런 과정에서 그들이 획득하는 지식은 그들의 사회적 행동에서 지혜의 번식지가 된다. 교사로서 우리는 학생들의 인격 형성에 이런 식으로 기여한다.

3.4.2. 인간은 관계성을 갖도록 창조되었다.

앞에서도 보았듯이 인간은 관계성 속에서 창조되었다. 하나님께서는 아담에게 아내를 그의 동반자로 주셨다. 아이들도 자라면 사회 공동체의 일부가 되어 경계를 받아들이며 책임을 지는 것을 배우게 된다. 아이들은 또한 그들을 둘러싼 피조물과도 관계를 맺는다. 성장하면서 그들은 어떻게 다른 사람들 및 사물들과 관계를 맺는지 배우게 된다. 교육은 이러한 과정에 기여한다. 따라서 교사들은 학생들 간, 후배들 그리고 자신들과의 의미 있는 만남이 이루어지도록 지휘하는 기술을 알아야 한다. 교사들은 이처럼 수업에 학생들이 완전히 참여하도록 해야 한다. 대화를 통해 학생들이 자신의 관점에서 해결책 또는 세계관을 말할 수 있다면 자극적인 역할이 될 수 있다.

3.4.3. 마음이 터치됨

"가르치는 것은 마음을 터치하는 것이다"라는 말은 의식적으로 또는 무의식적으로 기독 교육이 지향하는 방향을 압축한 표현이다. 진정한 만남은 마음이 움직일 때 일어나기 때문이다. "마음"의 의미는 잠언 4:23에서 "생명의 근원"과 동일시하는 것에서 명확히 드러난다. 우리가 하는 모든 것은 마음에서 나온다. 성경에서 마음은 우리가 생각하고, 느끼고, 소망하는 모든 것을 가리킨다.[54] 그리스도의 모든 가르침도 인간의 삶의 전체인 마음을 향한다. 교사로서 우리는 인간의 삶의 한 측면, 가령, 특정 학교 과목의 지식만 가

---

54 Velema, W. H. (1997). "Kennis en expressie van het mens-zijn in bijbels licht" (성경적 관점에서 본 인간의 지식과 표현). In: Budgen, W. & Harkema, W. (red.). *Meer dan menskennis! Over kennis in de maatschappij van morgen*. (인간의 지식을 넘어! 내일의 사회에서의 지식에 관해). Heerenveen: Groen.

르칠 수 없다.

> **열리는 눈**
>
> 인간은 발견하는 존재이다. 교사는 이 발견의 과정을 감독하고 조종한다. 눈은 많은 것을 본다. 그러나 통찰력은 제한적이다. 가르침은 이 제한을 제거한다. 교사로서 당신은 학생들의 눈을 뜨게 해줄 수 있다.

우리가 학생들의 마음을 만지면, 무언가 일어날 것이다. 우리는 학생들에게 호기심도 일깨우며 경험과 집중을 위한 시간도 제공한다. 그 결과 우리가 다루는 주제에 대해 학생들은 마음으로 진지하게 참여하게 된다. 따라서 어떤 주제를 마음으로 배운다는 것은 손으로 배우는 것과도 밀접한 관련이 있다. 그러므로 자발적이며 직관적으로 행동하며 실험하는 공간도 있어야 한다.

3.4.4. 인간은 하나님 앞에서 살아간다.

> **교수법의 세 가지 역할**
>
> 교사로서 당신은 업무에서 개인적으로 획득한 역량으로 교수법적인 선택을 한다. 당신은 당신이 누구이며 주제 내용에 대한 당신의 지식과 선호도 그리고 다양한 실용적 기술을 가지고 있다. 수업에 색을 칠하는 크리스천 스타일은 내레이터, 통역사 및 감독자의 역할에 비유하여 설명될 수 있다. 내레이터로서 당신은 수업에 새로운 것을 가져온다. 그들의 지식은 기독교 세계관을 배경으로 한 개인적인 색깔을 가지고 있다. 당신이 콘텐츠를 열면, 어떤 일이 일어날 것이다. 통역사로서 당신은 더 자세히 설명한다. 당신은 또한 기술을 습득하는 방법에 대한 지침을 제공한다. 당신은 학생들의 교육학적이고 교수법적인 요구를 염두에 두고 그렇게 한다. 감독자로서 당신은 학생들이 지식을 자신의 것으로 만들 수 있도록 지원한다. 따라서 당신의 감독은 내용에 대한 이해나 기술 수준에 대해 기여할 뿐만 아니라 학생들의 인격 형성에도 기여한다(앞서 언급한 "광범위한 인격 형성" 참조).

**우리가 학생들의
마음을 터치하면

학생들에게
무언가가 일어날 것이다.**

 우리는 인간으로서 하나님 앞에서 살아간다: 코람 데오(Coram Deo). 하나님에 의해 지음 받은 인간은 지구를 돌보며 번성해야 할 책임이 있다. 이것은 창조주 하나님에 대한 책임과 동시에 이웃, 환경, 자연 그리고 문화에 대한 책임도 수반한다. 이 책임감은 모든 인간 행동에 적용되며 교사와 학생들이 학교에서 하는 모든 것도 포함한다. 교실은 책임감을 실천하는 장이다. 학생들은 교실에서 그들의 행동에 대해 책임을 져야 한다. 따라서 우리는 학생들에게 목표를 설정하고 그것을 향해 나아가라고 요구한다. 그러므로 팀 활동에서 우리는 학생들이 너무 의존적이 되지 않도록 해야 한다. 그러나 책임감은 독립적인 학습보다 더 나아가도록 해야 한다. 그것은 이웃, 피조물 그리고 사회에 대한 존경과 관심도 포함한다. 책임감에 대한 강조는 우리 스스로도 개선해야 할 뿐만 아니라 그 개선이 하나님 및 다른 사람들과 분리되어 일어나서도 안 된다는 것을 의미한다. 다시 말해 학습은 결코 학생들로 하여금 자신이 스스로 기준이 되는 자율성으로 나아가게 해서는 안 된다는 것이다.[55] 지식을 획득한다는 것은 다른 사람들과 공동체를 섬기는 데 사용됨을 전제로 한다.[56] 그러므로 우리는 자율성보다는 독립성을 강조한다. 우리는 학생들의 독립성을 자극하여 스스로 판단력을 형성하도록 해야 한다. 자기 반성적인 판단이 없다면 책임성은 상상할 수 없다. 오늘날과 같이 복잡한 사회에서는 독립적으로 생각하고 자신이 내린 의사 결정에 대해서는 책임을 지는 것이 매우 중요하다. 교실에서의 교육을 통해 우리는 개인적인 책임과 공동 책임 그리고 학생 자신의 발달과 다른 사람들에 대한 봉사가 좋은 균형을 찾도록 해야 할 것이다.

---

[55] "자유"가 기술적인 교수법 개념인 것과 마찬가지로 "자율성"이란 자신이 부모로부터 자유롭게 되는 교수법적 용어로 해석될 수 있다. 여기서 우리는 인간이 자신에게 법이 되는 문화적 이상을 표현하는 것이다. 이 용어는 "독립" 및 "책임"이라는 단어와 대조를 이룬다. 기독 교수법에서는 후자의 두 단어가 방향을 제시한다.

[56] 어거스틴에 의하면 두 가지 종류의 지식이 있다: 통제를 위한 지식과 사랑을 위한 지식이다. 기독교적 가르침을 실천하는 데에는 두 번째 종류의 지식에 목적을 둔다(Griffiths, 2011).

3.4.5. 통찰력과 기술은 뿌리를 필요로 한다.

교육은 학생들로 하여금 통찰력 및 기술을 습득하는 것에 초점을 맞추어야 한다. 우리는 교사가 노력한 결과 뭔가 지속가능한 결과물이 나오도록 해야 한다. 따라서 우리는 그들 앞에 두는 것이 이 목표에 맞도록 해야 한다. 교사는 학생이 진정 학습 주제를 파악하기를 원한다. 기독 교사가 된다는 것은 우리가 학생들이 스스로 책임감을 가지고 지속적으로 발전하기를 목표로 한다는 것을 의미한다.

이 목표를 달성하기 위해 우리는 현실이 학생들에게 말하게 하고 마음을 터치할 수 있는 여건을 조성하도록 해야 한다. 우리는 학생들을 주의 깊게 관찰하면서 다음 단계를 선택할 때 더 많은 도움을 주어야 한다. 그래서 우리는 적극적으로 학생들의 인격 형성에 참여해야 한다. 그러므로 우리는 때로는 그들에게 가까이 다가가서 그들의 바람직하지 않은 행동을 고쳐주고 더 발전할 수 있도록 콘텐츠를 제공함으로 도와주어야 한다. 그럼에도 우리는 학생들이 스스로 문제를 해결할 수 있고 스스로 새로운 통찰력을 획득할 수 있는 공간을 남겨두어야 한다. 우리는, 예를 들어, 그들로 하여금 실험 또는 다른 연구를 하게 하거나 아니면 편지를 쓰게 함으로 그들에게 도전한다. 이러한 상황에서 학생들에게 모델을 제시하거나 올바른 질문을 하게 함으로 그들을 지원한다. 이렇게 함으로써 그들이 독립적으로 생각하고 판단할 수 있는 능력을 증진시켜준다. 그들이 이렇게 스스로 하는 것은 더욱 뿌리를 내리는 것이다.[57]

3.4.6. 은사는 다양하다.

학생들로 가득 찬 수업은 다양한 전체이다(2장 참조). 다양성은 귀찮게 하는 것이 아니라 즐거움의 원천이 된다. 기독 교사로서 우리는 교실의 다양성에 감사한다. 우리는 각 학생의 개성에 대해 공평하게 대한다. 우리는 가르치면서 이 독특한 학생이 창조주로부터 받은 은사, 즉, 그 자질과 관심사를 개발하는 것에 관심을 둔다. 우리는 학생이 학업에서 더 나아가는 통로로 이 은사를 사용하도록 돕

> **가장 중요한 순간들을 준비함**
>
> 매년 나는 내 학급 학생들 7명을 데리고 동물원에 간다. 그들은 먼저 사자와 코끼리를 보고 싶어 한다. 그 후에 나는 그들을 나비 정원으로 데려 간다. 그 전에 나는 나비가 어떻게 이 세상에 오게 되는지 그들에게 설명한다. 거기에 가면 나는 학생들에게 과제를 주어 다른 종류의 나비를 채집하도록 한다. 매년 학생들은 이에 대해 환상적인 반응을 한다. 당신도 이런 중요한 순간을 준비할 수 있다.
>
> - 호세, 생물 교사

---

57 뿌리를 내린다는 것은 학생들이 스스로 의미를 부여하는 과정에서 지식의 지속 및 통합을 특히 의미한다. 이것은 바겐샤인(Wagenschein)이 시몬느 바일(Simone Weil)에게서 가져온 개념인 "뿌리내리기(Verwurzelung)"와 유사하다. 이것은 그림처럼 묘사되고 있는데 어린아이는 마치 토양에 뿌리를 내리는 식물과 같다는 것이다. 물을 찾기 위해 뿌리는 더 깊이 내려가는 동시에 꽃은 빛을 향해 더 높이 올라간다(Veldman, 2015, p. 124).

균형

나는 점점 더 내 학생들을 따라가는 데 익숙해진 나 자신을 본다. 내가 가르치기 시작했을 때 나는 나 자신에 대해 너무 바빴다. 하지만 이제 나는 학생들이 나를 정말로 필요로 하는 것을 알며 나도 그들을 "지나치지" 않는다. 나는 좋은 수업하는 것을 좋아한다. 가끔 다음과 같은 반응을 듣기도 한다. "지난 주 우리는 정말 좋은 수업을 했지만 사실 나는 그것이 무엇인지 기억하지 못해요." 나는 그것을 원하지 않는다. 동시에 나는 또한 학생들이 스스로 해야 하는 것을 알고 있다. 그들은 자신들의 에너지를 사용해야 한다. 나는 그들이 책임을 지는 것과 동시에 그들이 가끔 필요한 도움을 주는 것의 균형을 맞추려고 한다. 다행히도 나는 점점 나아지고 있다.

- 브람, 8학년 네덜란드어 교사

학생들로 가득 찬 수업은 다양한 전체이다.

는다. 나아가 우리는 이 학생이 무엇을 할 수 있고 다음 단계로 나아가려면 무엇을 해야 하는지 주의한다. 이를 위해 몇 가지 도움이 될 만한 것이 있다. 준비가 반이다. 우리는 학생들에게 핵심적인 질문을 함으로써 그들로 하여금 생각하게 한다.[58] 하지만 의미를 부여하는 것이 모든 학생들에게 동일한 방식으로 된다는 보장은 없다. 우리는 모든 학생들이 스스로 자신의 세계관을 확장할 수 있도록 수업을 구성한다. 우리가 "구성"이라고 하는 이유는 교수법이란 그 형태와 내용에 있어 나름대로 아름다움이 있기 때문이다.[59] 함께 "좋은" 수업을 만드는 것은 매우 기쁜 활동이다. 하지만 학생들이 어떻게 받아들여질 것인지에 대해서는 미리 말할 수 없다. 우리가 의도한 바가 이루어지면 그것은 상을 받는 것과 같다.[60] 우리는 학생들과 게임을 한다. 여기서 우리는 그들의 공헌 및 참여에 의존한다. 우리는 학생들이 여기서 자신들의 최선을 다할 것을 기대한다. 동시에 학생들을 "매혹시켜야 할" 의무가 있다.[61] 우리는

---

58 "모범적 가르침"의 방법은 독일어로 "Sogfrage"라고 하는데 학생들의 생각을 어떤 방향으로 인도하는 핵심 질문을 던지는 것이다. 질문은 열린 형태이지만 수업 중 다음 단계를 예상하게 한다(Veldman, 2015, pp. 238-243 and 351-355).
59 좋은 수업은 잘 준비된 게임과 같다. Veldman, 2015, pp. 194-205 및 216-227 참조. 우리는 교사가 그 게임의 리더라는 것을 모르는 방식으로 하기에 이것을 기술적인 교본과 구별한다.
60 Biesta, 2013, pp. 59-76.
61 판 크롬부르헤(Van Crombrugge)에 의하면 이 비유를 문자적으로 취할 수 있다. 교사는 학생들을 알지 못하고 전혀 가보지 못한 나라로 "옮긴다." 이것을 이렇게 부르는 것은 교사가 학생들의 질문들을 자세히 답변할 뿐만 아니라 특히 익숙하지 않은 사실들로 그들에게 질문을 던져 통찰력을 열어주는 것이다. 비스타(Biesta, 2013: 57)는 이것을 교사가 따라야 할 바람직한

주제 중심적 교수법 및 일반적인 교수법

각 주제 영역에서, 이 장의 여섯 가지 규칙과 같은 일반적인 교수법적인 원칙들이 적용된다. 그러나 각 주제의 내용에 대해서는 특별한 교수법이 필요하다. 즉, 주제에 따라 교사는 어떤 방식으로 설명할지를 결정한다. 그만큼 특정 과목의 교사는 왜 이 해당 과목이 이런 특별한 접근 방식을 필요로 하는지 설명할 수 있어야 한다. 학생들은 단어의 의미를 발견한다. 그들은 맞춤법 규칙과 표를 연습한다. 산술은 거래 방식으로 이루어진다. 그들은 (생물학)에서 생명을 보고 느낀다. 역사가 서술된다. 화학에서는 각 요소가 테스트 된다. 학생들은 언어를 듣고 말한다.

그들이 아직 모르는 나라로 그들을 몰고 간다. 우리는 그들의 가이드로서 그림을 그려 그들이 그 풍경을 소망하도록 해야 한다.[62] 가령, 우리는 우리의 수업을 이야기처럼 진행하되 단지 다음에 무엇이 일어날지 말해주는 것이 아니라 다음에 무엇이 일어나야 하는지 학생들에게 끊임없이 묻는다. 이러한 (소크라테스식) 질문법은 학생들로 하여금 생각하게 하고 그들의 생각을 분명히 말하는 법을 배우며 그 상황 속에 있는 자신을 상상해보게 한다. 그들의 상상력은 학습에 이르는 긍정적인 힘이다. 학생들은 계속되는 대화에 공헌하며 답변을 그들 나름대로 함께 모색한다.[63]

사명이라고 간주한다.
62   Smith, 2009.
63   Veldman, 2015, p. 238 ff.

4장
공동체로서의 학교

새 학기가 12살의 학생들과 매우 즐겁게 시작되었다. 그러나 몇 주 후에 다툼이 여기저기서 시작되었다. 교실은 불안하게 되었다. 학생들은 여러 가지 방법으로 서로 짜증을 내는 것 같았다. 영어 선생님이자 멘토인 케이트는 그것을 알아차렸고 또한 동료 교사들로부터 그것에 대해 들었다. 목요일 아침에 그녀 자신이 첫째 시간에 이 학생들을 만났다. 그녀는 그 날 예배 시간 후에 이 일을 다루기로 했다. 칠판에 그녀는 본문을 적어 놓았다. "누가 누구에게 불평할 일이 있더라도, 서로 용납하여 주고, 서로 용서하여 주십시오. 주님께서 여러분을 용서하신 것과 같이, 여러분도 서로 용서하십시오. 이 모든 것 위에 사랑을 더하십시오. 사랑은 완전하게 묶는 띠입니다."(골 3:13-14) 이 말씀에 의해 불이 붙은 토의는 한 시간 동안 이어졌다. 불안함 뒤에는 그녀가 의심했던 것보다 훨씬 많은 것들이 있었다. 그것은 단지 서로 좋아하지 않는 몇몇 학생들의 경우가 아니라 거기에는 또한 그녀의 동료들이 하는 수업에 대한 불만족이 있었다. 그들은 이러한 불만족을 우연히 마주하게 된 것인가? 그녀는 그것을 동료들과 협의하기로 결정했다.

4.1. 공동체에서 기독 교사 되기

자율적인 그러나 혼자가 아닌

우리는 교사 교육 과정의 신입생일 때 우리 자신의 수업을 하는 것을 좋아했다. 우리는 스스로 우리 자신의 학생들과 일하도록 허락받았다. 우리는 그들과 협력하면서 무엇인가를 만들어가는 기쁨을 기대한다. 그러나 우리는 닫힌 문들 뒤에 우리 자신의 작은 왕국을 세우는 것을 원하지 않는다. 한 사람의 교사는 좋은 교육을 위해 열심히 일하는 다른 교사들이 있는 공동체의 한 부분이다. 그래서 우리는 책임을 져야 할 유일한 한 사람이 아니다. 인간은 서로 함께하도록 지음받았고, 그리고 서로를 향한 책임이 있다. 우리는 다른 사람들에 의해 지지를 받고 또한 다른 사람들로부터 배운다. 동시에 우리는 서로 도울 준비도 되어 있다. 어린 동료들은 팀에 새로운 지식과 통찰을 가져올 수 있다. 경험이 많은 교사들은 이제 막 시작한 동료들을 실제 상황에서 그리고 개인적으로 지원할 수 있다. 초보자들은 여전히 이 학교의 규칙과 일상적인 일에 익숙해져야 한다. 그들은 초보자로서 지원이 필요한 모든 종류의 질문들을 가지고 있다. 한 교사가 경험이 많든 그렇지 않든 좋은 조언이나 동료로부터의 작은 격려는 항상 환영이다.

학습 공동체

학교에서 좋은 분위기는 취약하다. 서로 교제가 있어서 좋을 때, 우리는 교실 앞에서 편안하다. 팀 안에 갈등이 있을 때 그것이 정신적인 에너지를 가볍게 두드린다. 그것은 우리가 학생들을 위하여 가지고 있는 내면적인 공간에 영향을 준다. 인간에게 있는 어떤 것도 교사에게 낯설지 않다. 그래서 팀 안에서 서로 함께 좋은 분위기로 계속 일하는 것이 중요하다. 교사들은 서로 용기를 주고 때로는 그들을 고쳐주기도 해야 한다.[64]

그들은 좋은 경험들을 공유함으로 서로 영감을 주어야 한다. 그들에겐 정보를 찾고 함께 공유하는 것이 서로에게 용기를 주는 것

---

64 기독 교회의 윤리는 기독 학교의 교사 공동체에도 적용된다. 이에 대한 요약으로는 골 3:1-17에 나타난 바울의 권면을 보라.

이 될 것이다.[65] 특별히 가르침에 있어서 이것을 실천하는 것이 중요한데 왜냐하면 학교는 학습 공동체이기 때문이다.[66] 비록 학생들만 배우는 것이 아니라 교사들도 계속해서 배우는데 학습 자료의 내용을 고려하

> **서로 참여하기**
>
> 서로의 만남을 위한 하나님의 계명은 학교 모든 곳에 적용 가능하다[67]: 권위에 대하여 존중을 표하고, 화나 짜증이 날 때 자기 통제를 실천하며, 동료나 다른 성의 학생들과 적절한 거리를 유지하고, 동료에 대하여 긍정적으로 이야기하며, 서로를 향하여 그리고 자신의 책임과 역량을 생각함에 있어서 항상 정직한 태도를 지키는 것이다.[68]

고 교훈을 주는 예술을 고려하는 일 둘 다에서 그러하다. 만약 어떤 것이 다른 것에 관한 관심을 불러일으키면 중등 교육에서의 문제나 혹은 초등 교육에서 운동장의 분위기 같은 것을 우리는 동료 교사와 의논한다. 우리 자신은 또한 다른 사람들에게 배우는 것이 더 쉽다. 우리는 다른 사람들의 관점을 듣기 원하며 나아가 우리는 혼자서 그리고 다른 사람들과 함께 공부하기 원한다.

---

65 함께 배우는 좋은 사례는 학교에서 교사들이 하나의 책을 함께 공부하는 독서 모임이다. 우리는 이 모임이 교사들과 학생들 그리고 부모들에게도 도움이 된 학교를 알고 있다.
66 학교에서 형성의 이상적 범위에 관해서는 De Muynck, 2006 참조.
67 여기서 우리는 십계명 중 제오 계명에서 십 계명까지 그 긍정적 의미들을 하이델베르크 요리문답의 해설을 포함하여 언급한다.
68 교사 공동체에서 이것은 실제적인 통찰을 가져다준다. 한 사람은 무엇이 변화되어야 하는지 다른 사람보다 더 일찍 깨달을 것이다. 교사는 교장보다 더 빨리 이런 통찰력을 가질 수 있다. 그렇다면 우리는 허락을 요구하지 않는 한 또는 비상 상황이 아닌 한 우리에게 능력이 없는 상황에서는 힘을 가져서는 안 된다는 것이 규정이다.

4.2. 기독 학교

학교의 의무

기독 학교에서는 하나님을 영화롭게 하는 것이 첫 번째 일이다. 이것은 학교에서 학생들에게 하늘과 땅을 지으신 전능하신 창조주 하나님에 대하여, 그의 아들 예수 그리스도에 대하여, 그리고 성령님에 대하여 들려주는 것을 의미한다. 이와 같은 맥락에서 교사의 의도는 학생들이 예수님을 주님으로 따르고, 기독교 세계관을 자신의 것으로 취하고, 기독교적 성품을 실천하도록 하는 것이다. 행동을 위한 규칙들은 기독교적인 교수학적 실천을 따라 실행하는데 왜냐하면 성경적인 사고방식이 학교에서 모든 삶의 측면에 스며들도록 하는 것이 우리의 바람이기 때문이다. 학교는 성경을 그것의 근원과 규범으로 받아들인다. 교사와 학생들은 이에 대해 책임져야 한다.

세계관과 삶의 태도

성경에 의하면 하나님은 인간을 사랑과 순종의 삶으로 부르셨다. 이것에 대하여 가정, 교회 그리고 학교는 협력적인 소명을 가지고 있다. 그러나 우리는 다른 형태의 책임을 구별할 수 있다. 가정에서 부모는 자녀를 양육함에 있어서 그들에게 계명을 가르치는 의무를 가지고 있다(신명기 6장). 가르침은 가정에서 아버지 어머니와 함께 시작한다. 교회는 복음을 선포하는 사명을 가지고 있다. 여기에서도 역시 교육은 설교라는 가르침의 요소들과 종교적인 실천의 형식을 지닌다. 나아가 그 목적은 어린이들과 젊은이들이 자신을 창조주에게 헌신하도록 하는 것이다.

교육이란
학생들의 관점을 하나님께로 인도하여
그분의 창조하심과 보존하시는 행동에
주목하게 하는 것이다.

교사는 학교의 정체성을 실현하는 **결정적인** 요인이다.

    형성을 위한 기관으로서 학교는 가정과 교회와는 다른 자체의 의무를 가지고 있다. 첫 번째 예로 그것은 기독교적인 관점으로 세상을 이해하도록 가르치는 것이다.[69] 교육이란 학생들의 관점을 하나님께로 인도하여 그분의 창조하심과 보존하시는 행동에 주목하게 하는 하는 것이다. 그들은 또한 무엇이 하나님의 의도를 어기는 것인지 인식하도록 해야 한다. 가르침은 기독교적 관점에서 영혼의 개혁을 목적으로 한다. 따라서 설교에서 나타난 것과 같이 믿음

---

69 이것은 에들린(Edlin, 2014)이 강조하는 점이다. 그의 책에서 그는 특별히 지식은 결코 중립적이 아니며 기독교적 가르침은 특히 교사들이 가진 세계관에 의해 특징 지워진다고 지적한다.

과 회심은 무엇보다 가장 중요한 주제이며 더욱 폭넓은 의미에서 그러하다. 기독교적 세계관은 인간의 자아실현이 중심이 되는 곳에서 삶에 대한 태도에 결정적으로 중요하다. 그러므로 세계관을 가르치는 것은 또한 회심의 가르침이다: "여러분은 이 시대의 풍조를 본받지 말고, 마음을 새롭게 함으로 변화를 받아서, 하나님의 선하시고 기뻐하시고 완전하신 뜻이 무엇인지를 분별하도록 하십시오."[70]

아이들이 기독교적 세계관을 가지도록 도와주기 위해서는 우리의 과목에 대한 지식이 필수적이다. 이러한 점에서 성경적인 문맥은 좀 더 자세히 설명될 수 있다. 우리 학생들이 다른 세계관과 만나도록 하는 것이 우리의 의무이다. 이러한 면에서 우리의 목적은 학생들이 세상적이 되도록 하는 것이 아니라 그들이 삶에서 분열되지 않은 온전한 태도를 보이도록 하는 것이다.

두 번째로 강조하고 싶은 점은 삶에 대한 기독교적 태도를 실천하는 것이다.[71] 여기서 가장 중요한 것은 매일의 삶의 실천에서 하나님을 섬기는 것이다. 가르침은 하나님의 축복에 의지하면서 학

---

70 롬 12:2.
71 이것은 밴 브루멜른(Van Brummelen, 2009)이 그의 책 4쪽에서 다음과 같이 강조한다: "기독학교 교사들은 학생들과 청년들을 예수 그리스도 안에서 응답적인 제자도의 삶을 살도록 가르쳐야 한다."

생들의 형성에 기여하는 것이다. 그러면 그들은 독립적이고, 그분의 말씀에 따라 하나님을 섬기며 그들이 받은 달란트를 개발하고 그것을 하나님의 영광을 위하여 그리고 가족, 교회 및 사회를 위하여 사용하는 인격을 형성하게 된다.[72]

학교의 구성원

그리스도를 주로 고백한 교사들만이 기독교적 영성으로 학생들을 가르치고 교육할 수 있다. 교사는 학교의 정체성을 실현하는 결정적인 요인이다. 그러므로 교사의 선임과 전문화가 정책의 가장 중요한 우선순위를 형성한다. 학생들을 위한 입학 정책은 상황에 따라 다를 수 있다. 때때로 학교는 특정한 교회의 회중과 또는 하나의 종교적인 교파 이상과 직접적인 관계를 맺기도 한다. 그러한 경우에 그 학교는 우선적으로 그들 가정의 자녀를 위한 것이 될 수 있다. 하지만 배경과 상관없이 모든 어린이들의 입학이 허용되는 기독 학교도 전 세계에 있다.[73]

---

72 또한 골버딩언(Golverdingen, 2003: 22)의 정의도 참조.
73 전 세계적으로 이러한 차이점들에 대한 전반적인 개관에 관해서는 De Muynck, Reijnoudt-Klein & Spruijt-de Kloe, 2017 참조.

드리스타(Driestar)

지금은 네덜란드에서 교사 교육을 위한 드리스타 기독교 대학이라 불리는 기관의 원래 로고는 가정, 교회, 그리고 정부들 가운데 학교가 취해야 할 위치를 보여준다. 학교는 이 세 가지 파트너들 사이에서 상대적인 자율성을 가지고 위치해 있다. 부모는 그들의 자녀를 기르고 가르치는데 우선적인 의무를 가지고 있다. 그들은 이러한 책임의 일부분을 학교에 위임한다. 교회는[74] 교회의 자녀들을 영적으로 교육하여 구성원으로 고백을 하도록 하는 과제를 지닌다. 이 모든 것을 혼자서 할 수 없기에 훈련의 일부분을 기독 학교에 위임한다. 특히 일반적인 기술들에 관심이 있고 학생들이 그들 자신을 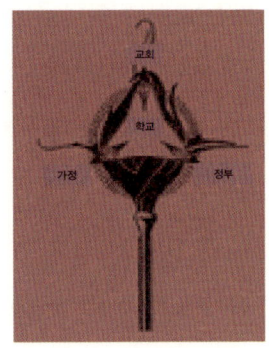 위해 세계관을 형성하는 것은 혼자서 할 수 없다. 그래서 학교는 교회와 함께 일한다. 기독 학교는 또한 잠재적으로 정부가 권위를 위임받은 사회에서 갖는 의무가 있다. 우리는 정부에 비판적이 될 수 있지만 정부가 우리에게 요구하는 것을 존중해야 한다. 정부는 하나님의 종이다. 그러므로 학교는 반드시 감사를 심각하게 받아야 한다. 중요한 것은 학교가 학생들과 지역 사회를 위해서 선한 것을 추구해야 한다는 것이다. 기독교사로서 우리는 당국자들이 우리를 조사하지 않을 때에도 "선한" 것을 한다.

차이점 다루기

모든 경우에 학생들 사이에는 태생의 다양성이 있다. 교사가 이 차이점들을 지혜롭게 다루는 것은 중요한 능력이다. 우리는 결코 학생들과 부모님들 사이나 아이들 사이를 갈라놓아서는 안 된다.

---

74 이 문단에서 우리의 주장은 그리스도의 교회가 하나라는 규범에 기초해 있다. 우리는 교회가 분열된 결과 현실은 더욱 규범에서 멀어졌음을 자각한다. 그러므로 우리는 이 원칙을 모든 상황에 새롭게 적용해야 한다. 하나의 교회와 직접 연결되어 있는 소위 '교회 학교들'도 있다. 그러나 많은 학교들은 초교파적이며 여러 교단 대표들에 의해 관리된다. 이러한 경우에는 이사들 및/또는 감독관들에 의해 흔히 교회들과 형식적 관계를 맺기도 한다.

반대로 우리의 과제는 서로의 용납을 증진하는 것이다. 다양성을 존중하는 만남이 필요하고 실천하도록 한다. 이것은 또한 기독교인이 아닌 아이들이 기독교 가정으로부터 온 아이들과 함께 그룹 지어진 상황에도 적용된다.

학교와 교실의 모습

교실에서 일어나는 일들, 교사가 말하고 행동하는 것은 교육의 기독교적 특성을 위해 매우 중요하다. 탁월한 기독 교육은 보기 흉한 차고나 바오밥 나무 아래에서도 제공될 수 있다. 정부에서 온 감독관이 한 주를 시작하는 예배에 참여할 때 무엇을 알아차릴 것인가? 그들은 학생들이 참여하는 목소리를 그리고 교사에 의해 사용되는 언어를 들을 수 있는가?

그러나 거기에는 교사의 행동 그 이상이 있다. 만약 그 도구들을 가지고 있다면 학교는 또한 바깥 모습에도 주의를 기울여야 한다. 학교의 자료 측면을 살펴보는 것

> **부모와 접촉하기**
>
> 최근에 학교는 학생들이 정해진 선을 넘을 때 교사가 전화로 부모님께 알려야 한다는 규칙을 도입했다. 직업 중등 학교를 위한 준비과정 학교에서 수학 교사인 제시(Jesse)는 처음에 부모에게 이야기하는 것에 관심을 갖지 않았다. 그것은 별도의 시간이 걸리고, 그 외에도 교사의 권위를 손상하는 것이 아닌가? 하지만 처음으로 규칙을 어기는 학생의 행동에 대하여 전화한 후에 그의 견해가 변화하기 시작했다. 그것은 그에게 가장 문제가 되는 학생 중의 한 명인 짐(Jim)과의 관계에 있었다. 전화로 간단한 메시지를 주고자 했던 것이 그 가족의 상황에 대한 깊은 대화로 이어졌다. 그 결과 그는 갑자기 짐을 더 잘 이해하면서 다루게 되었다. 그는 이제 짐을 다루는 것이 더 쉽게 느껴졌다.

이 학생들을 돌보는 것을 반영할 수 있다. 방문객이 교실에 들어설 때 무엇을 보는가? 깨끗함인가? 매력적인 것인가? 벽을 장식하고 있는 포스터나 그림과 같은 것인가? 이러한 것들이 분명히 기독교적인가 혹은 그렇지 않은가? 학생들이 다양한 색깔과 매력적인 가구들 때문에 환영받는다고 느끼고 있는가?

4.3. 교장

기독 교사를 돌아볼 때 교사와 대표의 위치에 있는 사람과의 관계에 대한 질문이 떠오른다. 어떤 나라의 학교는 민주적인 조직이다. 많은 수의 교사들과 적은 수의 리더들이 서로 날마다 보고 있다(특히 작은 학교에서). 교장은 종종 교사 가운데 한 사람이고 가끔 어떤 과목도 가르친다. 그러므로 교장과 교사 사이의 관계를 평가하는 것은 어렵다. 교사가 교실에서 한 사람의 전문가로서 즐기는 상대적인 독립성이 학교의 리더에 의한 지도를 쉽게 수용하지 못하는 이유가 될 수 있다. 권위를 인정하는 것이 기독교인들에게 특별히 서구의 어떤 나라들에서는 매우 어려운 것 같다. "감시 활동"에 대한 오늘날의 혐오는 이것을 더욱 강화하는 역할을 한다. 권위에 대한 성경적 관점에서 우리는 그룹의 리더란 더 하위 교실의 조정자요, 또는 어떤 관리자든지 그들 자신의 권위가 아니라 그들

에게 주어진 의무에 근거하여 행동하는 것임을 분명히 하기 원한다.[75] 이것은 기독 교사로서 우리는 그 권위를 존중하도록 부름 받았다는 것을 의미한다.

가르치는 상황에서 권위를 존중하는 것은 무엇을 수반하는가? 예를 들면, 그것은 반갑지 않은 재정 문제를 언급한 교장에 대해 존중함으로 말하는 것을 의미할 수 있다. 그러나 거기에는 그 이상이 있다. 무엇보다 먼저 기독 교사는 책임있는 사람이 되어야 함을 의미한다. 하나의 수업과 우리 자신의 교실을 가지는 것은 놀라운 것이다. 우리는 우리 뒤에 있는 문을 닫고 학생들과 함께 일하기 시작한다. 그러나 교실 문 뒤에서 우리는 자율적이 아니다. 우리는 거기에서 일어나는 것들에 대해 보고해야 한다: 하나님께, 부모들에게, 그리고 교장 선생님에게도. 모든 것이 잘 될 때는 여기에 강압이 없다. 기독 교사로서 투명하고 기꺼운 태도로 우리의 책임을 다하기 위해 우리는 하나님에 의해 주어진 질서에 순응해야 한다.

교사와 교장 사이의 관계성에 있어서 두 번째 측면은 그들이 학교 안에서 그들 자신의 의무를 가지고 있고 그들 자신의 과제에 대해 책임져야 한다는 것이다. 기독 교사로서 우리는 비전을 가지고 흥미 있으며 열정적인 리더가 학교를 위해 중요하다는 것을 인

---

75 Ten Brinke & De Muynck, 2014 참조.

정한다. 그러나 우리가 일하는 방식은 리더의 열정에 의존하지 않는다. 교사로서 우리는 우리의 과제에 적합한 주도성을 취해야 한다. 리더는 자신의 책임을 교사에게 전가할 수 없다. 그 반대도 불가능하다.

모든 권력 관계에서 때때로 긴장은 일어난다. 예를 들면, 교장이 한 사람이나 혹은 여러 교사들의 의견에 대하여 잘못된 결정을 하기도 하고 혹은 그것이 그가 자신의 직무의 어떤 면을 무시함으로 나타나기도 한다. 기독 학교에서 그러한 것들은 다른 것들과 함께 면담하면서 논의할 자유가 있어야 한다. 그러나 이것은 항상 우리 위에서 책임이 있는 사람들의 약함과 잘못에 대하여 기꺼이 인내하려는 영성 안에서 일어나는 것이 중요하다.[76]

긴장의 영역

교사: "제가 교사로 5년 전에 여기 왔을 때 저는 교장 선생님은 학교의 정책을 입안하고 저의 가르침의 구조를 결정하는 힘과 권위를 가지고 있다고 인정했습니다. 동시에 저 자신은 전공 분야에 있어서나 제 수업에 있어서 어느 정도 힘과 권위를 가진다고 인정했지요. 교실 문이 닫히면 제가 교실 안에서 일어나는 것을 결정합니다."

교장은 웃으면서: "그것이 관리자와 교사들 사이의 관계에 대하여 돌아보는 것이 매우 중요한 이유이지요. 한편으로 교장은 하나의 토대에 의지하여 서 있고 우리는 점점 더 우리 자신의 통찰에 따라 학교의 정책을 형성하는 자유를 가집니다. 다른 한편으로 교사는 교실 문을 닫고 그들이 좋아하는 것을 할 수 있어요. 교사와 교장 간의 권위적 관계는 날마다 도전이 됩니다."[77]

---

76 DRS Magazine, 45/2, February 2016, p. 23 참조.
77 하이델베르크 요리문답 39 주일에 있는 제오 계명에 대한 설명 참조.

5장
모든 교육이 다 같은 것은 아니다.

이 책에서 우리는 모든 교육에 해당하는 필수 요건들에 관해 설명했다.[78] 하지만 교사에게 요구하는 필수 요건이 모든 유형의 교육 현장에서 동일한 것은 아니다. 학생들의 연령에 따라 대상 집단의 차이가 있다. 이런 경우 아동의 발달 단계에 맞추어야 한다. 또 교육의 목적 면에서도 차이가 있다. 이 경우 우리의 목표가 일반적인 교육인지, 직업 교육인지에 따라 달라진다. 여러 유형의 학교에서 가르치는 교과목 역시 교육적 접근 방법을 결정하게 된다. 이번

78　본 장의 본문은 네덜란드 상황을 말하고 있다. 다른 교육 제도와 상응하는 것은 일반 교육과 직업 교육을 구별한다는 점이다. 하지만, 오랫동안 일반 공교육 제도를 유지해 온 국가에는 네덜란드의 vmbo(Voorbereidend middelbaar beroepsonderwijs), 즉 직업 중등 교육을 위한 4년제 준비 학교와 같은 것이 없다. 또한 초등 교육과 중등 교육의 구분이 없는 나라도 많다.

장에서 다루게 될 각 학교의 특징이 다른 유형의 학교에 적용될 수 없을 만큼 배타적이지는 않다. 우리는 강조점을 중심으로 서술할 것이다. 추가로, 매우 좋은 자질을 갖춘 교사라도 부족한 영역이 있을 수 있다. 이들은 그 부족한 부분을 다른 자질을 통해 보완할 수 있을 것이다.

국가에 따라 교육 체계가 다르다. 우리는 앵글로 색슨 체계(Anglo-Saxon conventions)에 기초한 접근을 예시로 삼고자 한다. 그 이유는 이 체계가 세계적으로 널리 퍼져 있고(주로 영국의 지배를 받았던 국가들에), 관련 문헌에서 많이 다루기 때문이다. 이 교육 체계의 공교육에서는 학생의 나이에 따라 학급을 구분하고 있다: 초기 기초 교육 단계(3-5세); 초등 교육 단계(5-11세, 이는 KS(Key Stage 핵심 단계)1 유아(5-7세)와 KS2 아동(7-11세)으로 나눔); 중등 교육 단계(11-16세, KS3 아동(11-14세)과 KS4 청소년(14-16세)으로 나눔); 핵심 단계는 16세 이후의 교육 단계(16-18세); 그리고 고등 교육 단계(18세 이상)가 있다.

5.1. 초등 교육 교사

초등 교육에 종사하는 교사는 넓은 범위의 임무를 담당한다. 초등 교육에서는 이후에 다양한 유형의 학교로 흩어질 학생들이 한 그룹이 되어 교육을 받는다. 또한 초등 교사들은 모든 과목을 가르치며, 종종 학생들이 매일의 일상에서 찾고 접촉하는 개별 교사 역할을 하게 된다.

초등 교사의 특성:

• **아이들을 향한 마음** | 초등 교사인 우리는 학생들의 성장과 발달에 밀접하게 연관되어 있다. 학급 아이 각각의 개별적 특이점이나 가정 상황에 대해 많은 것들을 알게 된다.

• **교수학적 안목** | 우리는 학급 집단과 개별 학생에 대해 우리가 알고 이해한 것을 교수학적 안목을 통해 어떻게 사용할지 안다. 이것이 의미하는 바는 이 학급, 이 아이, 이 상황에 맞춘다는 것이다.

• **넓은 관심사** | 우리는 여러 과목들을 가르친다. 따라서 우리는 광범위한 관심사를 가지고 있으며, 학생들이 그들을 둘러싸고 있는 세계의 일관성을 가능한 많이 알 수 있도록 지속해서 새로운 것들을 찾아 나선다.

• **뛰어난 교육적 자질** | 초등 학교의 한 학급 내 학생들의 다양성

에 공평하기 위해서 우리는 우수한 교육적 자질을 가져야 한다. 우리는 학급 집단의 필요를 파악할 뿐 아니라, 개별 아이들의 요구에도 집중해야 한다.

5.2. 중등 교육 교사

중등 교육에 종사하는 교사인 우리는 사춘기를 겪는 학생들과 매일 접촉한다. 이들은 인생의 격동기를 겪고 있다. 우리가 매일 그들과 만나 친밀해지면서 그들은 우리에게서 뭔가를

> **해바라기 씨앗**
>
> 지난 주 1학년 학생들은 흙을 담은 병에 하얀 해바라기 씨앗을 심었다. 오늘 작은 초록 잎이 검은 흙 위로 나타났다! 앉아 있던 선생님은 해바라기의 작은 시작을 쳐다보고 있었다. 다섯 명의 아이들은 코가 병에 거의 닿을 정도로 둘러 서 있었다. 아이들 모두 연약한 작은 식물을 주의 깊게 지켜보고 있었다. "저 작은 잎이 조그마한 씨앗에서 나온 거예요?" 어리석은 질문처럼 들릴 수 있지만, 그 질문은 경외와 놀라움의 어조를 담고 있었다. 어떻게 이것이 가능한가?
>
> -루이스, 1학년 교사[79]

배우고 취하게 된다. 따라서 교사인 우리는 다음과 같은 자질과 역할을 갖추는 것이 중요하다.

• **사춘기에 대한 인식** | 중등 학교 학생들은 육체적, 정신적으로 내적 변화를 경험한다고 말할 수 있다. 이 변화의 속도는 학생에

---

79   Roeleveld, 2006, p. 103.

따라 다른데 이는 육체적, 정신적 발달의 속도가 학생에 따라 다르기 때문이다. 또한 학생이 바로 노동 시장에 진입할지, 아니면 더 교육을 받게 될 지의 향후 전망과도 연결될 수 있다.

- **관계에 초점을 맞춘다.** | 우리는 어떤 교육에서든지 교사와 학생과의 관계가 매우 중요함을 안다. 하지만 어떤 학생들에게는 그런 관계 형성이 다른 학생들에 비해 더 중요하다. 교과목을 가르치는 교사가 마음에 들게 되면 학생들은 그 교과목을 학습하고자 하는 동기가 높아진다. 이런 학생들의 경우에는 교사들과 접촉하고 편하게 대화하게 된다. 어떤 학생들은 다른 학생들에 비해 거리를 두는 경우도 있다. 언뜻 보기에는 개인적인 관계 형성이 그리 필요하지 않은 것처럼 보인다. 물론 자신들의 사생활을 쉽게 공유하지는 않겠지만, 그들 역시 교사가 개인적으로 관심 가져주는 것을 고마워한다.

- **교과목 내용에 초점을 맞춘다.** | 우리는 중등 학교에서 특정 교과목 혹은 교과목 군을 맡아 가르치게 된다. 이 말은 이전에 언급했듯이 교사는 그 교과 분야의 전문가가 되어야 한다는 것을 의미한다. 학생들보다 그저 한 단원 앞서 아는 정도의 교사라면 그 교과에서 의미 있는 결과를 일궈내지 못하게 될 것이다. 하지만 어떤

종류의 학교인가에 따라서 가르치는 과목에서 요구하는 전문성의 수준은 달라진다. 학생들이 대학에 진학해서도 이 교과 분야를 배우는가, 직업 교육을 받게 되는가, 일반교양으로 이 과목을 배우는가에 따라 차이가 있을 것이다. 많은 학생들은 배우는 내용이 흥미로울 때 동기 부여가 된다. 그들에게 와 닿는 교사는 "그 과목을 위해 전력을 다하는" 교사들이다. 이 학생들은 깊이 있는 질문을 끌

모든 교사들은

학생들의 인격 형성에
참여하고 있다.

어내는 가르침과 배움의 상황에 자극을 받는다. 그들은 개념을 연결하여 내용 지식을 이해하고 통찰력을 얻게 된다. 어떤 학생들은 실제 활용 가능한 지식을 더 선호하기도 한다. 가르치는 교과에 대한 넓은 지식을 기반으로 하여 교사들은 앞에 있는 학생들과 어떻게 연결되어야 할지를 안다.

- **학생 성장에 초점을 맞춘다.** | 중등 교사인 우리는 교과목을 가르치는 것으로만 바쁜 것이 아니다; 우리는 학생들의 전반적인 성장에도 관심을 둔다. 우리는 학생들이 필요한 능력을 갖추어 사회에 기여하도록 돕고자 한다. 그들에게 이 사회에서 어른이 되고 책임 있는 기독교인으로 행동하는 것이 어떤 것인지 가르친다. 그러기 위해서는 학생들이 실제적인 수준에서 사회를 알아야 하고, 수업에 이러한 점을 반영하게 된다. 학생들을 더 훈련시키고자 할 때 여러 가지 고려해야 할 것이 있다. 무엇보다 우리는 학생들의 사고력 형성에 관심을 가지게 된다. 이를 위해 세계관을 포함한 모든 종류의 교과 관련 질문을 두고 학생들과 토론한다. 우리는 과학 교과에서 종교적 관점에서의 사고가 영향을 끼치게 됨을 잘 알고 있다. 그래서 실제를 어떤 관점에서 보는가에 따라 결국 과학에 영향을 끼친다는 점을 학생들로 하여금 인식하게 해야 한다. 이러한 방식으로 학생들은 독립적이고 비판적인 사고를 하며 성장한다.

• **행동가 혹은 이론가** | 일반적으로 직업 훈련을 받는 학생들은 행동가이고, 대학 교육을 준비하는 학생들은 주로 이론가에 해당한다고 본다. 또 교사도 학생과 같아야 한다. 사립 중등 직업 학교에서는 교사인 우리가 행동가일 때, 학생들과 더 잘 소통할 수 있다. 교과목 학습에 대한 동기 부여는 교사와의 관계가 크게 작용하기 때문이다. 예비 직업 훈련을 받는 우리 학생들은 상대적으로 짧은 집중력을 가지고 있고, 지식의 습득에 있어서 경험에 초점을 맞추고 있다. 행동가인 그들은 활동적인 것을 좋아하며, 매일의 삶의 현장과 관련된 과제에 흥미를 느낀다. 그렇다고 해서 학교의 종류를 구분하여 흑백 논리를 적용할 수는 없다. 예비 직업 훈련을 받는 학생들에게도 실제적인 면에 필요한 이론적인 지식을 가르친다. 마찬가지로 대학 진학을 희망하는 학생들이 이론적인 모델을 좋아한다고 보고 그 모델의 실천적 적용을 다루지 않는다면 그것은 잘못이다. 대학 진학을 희망하는 행동가 학생이 있을 수 있고, 중등 직업 학교 학생 중 이론가가 있다는 것은 사실이기 때문이다. 교사로서 중요한 것은 각 학생에게 어떤 것이 최고의 접근인지 잘 판단하는 것이다.

• **직업 혹은 이후 교육에 초점을 맞춘다.** | 많은 학생이 일찍부터 특정한 직업 역량을 위해 연습한다. 때로는 교사보다 경험이 더 많은

경우도 있다. 학생들이 교실에 있을 때 그렇지 않은 것 같아도 곧 그렇게 되기도 한다. 따라서 수업은 명확하고 실용적인 형태를 띠어야 하며 학생들의 관심과 연결되어야 한다. 또 특정한 과목 내용과 특정 직업에서 마주할 수 있는 상황을 연결하려고 노력해야 한다. 어떤 학생들에게는 관심을 두는 특정 직업과의 직접적인 연관이 적을 수 있지만, 교사로서 어떻게 학생들을 준비시킬지 안다는 것은 매우 중요하다. 즉, 우리는 이후의 교육이 어떻게 진행되어야 할지를 알아야 한다. 그렇게 할 때 중등 교육 이후의 훈련이나 교육과 연관지어 수업을 더욱 의미 있게 만들 수 있다.

> **이론가가 아닌**
>
> 그가 시를 낭송했을 때 반짝였던 눈이 아직도 기억난다. 미묘한 뉘앙스에 대한 느낌을 담은 그의 수업은 삶의 경험으로 가득 차 있었다. 낭송한 시의 의미를 제대로 아는 자임을 알 수 있었다. 어떤 이는 그에 대해 "사상가가 아니다"라고 적었다. 그런 평가는 나를 아프게 했다. 나는 "여기에 그가 읽고 있는 것의 의미를 아는 사람이 있다"고 적고 싶다.
> -니코, 초등 교사 교육 기관의 나이든 소년[80]

5.3. 중등 직업 교육의 교사

중등 직업 학교의 학생들은 실용성에 집중한다. 실용적인 것을

---

80 Roeleveld, 2006, p. 95.

교사들은 경건하며
신뢰할 만하고 동정심이 있으며
용감함으로 도덕적인 본이
되어야 한다.

배우려는 그들의 학습 동기는 항상 이론적인 것을 배우는 것보다 크다. 이들은 심리사회적, 정서적인 측면에서 빠른 성장을 겪는다. 그로 인해 성장에 대한 질문과 함께 학교를 중도 탈락하는 위험을 수반한다. 학생들은 학년에 따라 큰 차이를 보인다. 중등 직업 학교는 주로 실용적인 기술을 훈련하고 역량을 키우게 된다. 물론 일반 교과목도 제공되지만 가능한 한 직업적 맥락에서 행해진다. 이 학생들은 상대적으로 어린 나이에 사회에 두 발을 내딛게 되는데 이로 인해 다른 중등 직업 학교의 학생, 대학 진학을 준비하는 학생 및 대학생들에 비해 그들이 가진 기독교인 배경에 대해 상대적으로 더 큰 충돌을 경험하게 된다.

중등 직업 학교 교사의 특징은 다음과 같다.

> **오늘 일하는 것 즐거웠다, 얘들아**
>
> "짐 쌀 시간이다, 얘들아. 10분 뒤에 피드백 시간을 가질 거란다." 기계가 꺼지고 학생들은 짐을 쌌다. 조금 뒤에 그들은 원으로 앉았다. "오늘 일하는 것 즐거웠다, 얘들아!" 학생들은 교사를 만족스러운 얼굴로 쳐다봤다. 그는 미소를 지었다. 그는 학생들이 자랑스러웠다!
> -한스, 중등 직업 학교의 기술 교사[81]

- **관계를 기반으로 행동하는 능력** | 관계를 쌓는 것은 높은 우선순위에 해당한다. 교사는 특히 학년이 낮은 학생들에게 개별적 접근과 지도를 통해 자신감을 주어야 한다.

- **심리사회적 주제에 대한 민감성** | 우리는 학생들이 직면하는 사안에 관심을 두고 다루게 된다. 그 주제들은 또래 그룹에서 자신의 자리 찾기, 정체성 찾기, 부모로부터 독립, 그리고 그들의 인생의 단계에서 맞이하는 심리사회적 주제 등이 있는데 이는 목회적인 접근으로 해결할 수 있다.

- **직업 훈련의 관점에서 생각하기** | 우리는 사람들을 훈련시키는 직

81　Roeleveld, 2006, p. 82.

업의 관점에서 생각한다. 그 직업의 맥락에서 어떤 일이 일어나는지 알고 학생들을 견습생으로 받을 사람들과 소통하도록 한다. 또 수업이나 학생 지도 상황에서 우리가 아는 지식을 창의적으로 활용하는 방법을 안다. 현장의 언어들을 알고, 그 수준에 맞추어 학생들에게 말하도록 한다.

• **직업 윤리와 관련된 질문들에 대한 민감성** | 학생들은 직업 현장에서 도덕적 딜레마를 겪게 되는데 견습 상황에서 일어나기도 하고 학생 자신으로부터 비롯되기도 한다. 교사는 직업 문화와 라이프스타일과 관련된 이런 질문들을 수업 주제로 삼아 어떻게 다루어야 하는지 안다. 더불어 교사 자신이 도덕적인 본보기, 즉, 헌신적이고, 믿을 수 있고, 현명하며, 사려 깊고, 용감한 사람이 되어야 한다.

• **서술 능력** | 교수법 면에서 볼 때 우리는 어떻게 현실과 가까운 예시를 골라서 이야기를 통해 학습자의 흥미를 끌어낼지 알고 있다. 우리 스스로 직업적 맥락과 더불어 가르침, 코칭, 그리고 학생 성장의 영역에서 전문성을 보여야 한다.

5.4. 교사 훈련하기

기독 교사가 되는 것은 교사 교육에서 특별한 차원이 된다. 여기서 우리는 학생들이 기독 교사로 성장해 가는 것을 말하고자 한다. 미래의 동료를 대상으로 하는 강의자가 되기 위해서는 몇 가지 구체적인 요건이 있다.[82]

교사를 교육하는 사람들의 특징:

- **수업 현장에서 본보기 되기** | 교사를 교육하는 사람은 가르침의 현장에서 모범을 보여야 한다: 설교하는 것처럼 가르치라.[83] 그러므로 교사 교육가는 교수 학습 역량을 갖추고 다양한 교수법을 구현해야 한다. 더불어 그 교수법을 보여주는 것뿐 아니라 말로 설명해야 하는데 특히 기독교적 가치나 기준이 교수 행동에 스며 있을 때 더욱 그러해야 한다.

- **가르치는 내용에 대한 지식** | 다른 어떤 수업에서 보다도 우리가 가르치는 교과 내용에 대한 높은 수준의 지식을 갖추고 유지하는

---

82 예시를 보려면 VELON의 전문 버전 참고: www.lerarenopleider.nl/velon/beroepsstandaard 네덜란드어 및 플레미쉬 상황에서 발전되었다.
83 우리는 이것을 합동 교육의 원칙이라고 부른다.

것이 중요하다. 더불어 가르치는 내용 지식을 기독교적 관점과 연결할 수 있어야 한다.

• **질문하는 마음** | 고등 교육 기관에서 가르칠 때, 학생들이 문헌과 이론을 기반으로 자신의 교수 활동을 성찰하도록 동기 유발을 하도록 한다. 여기서 우리는 교수자의 모범이 된다. 우리가 질문하는 마음을 가지고 있는지는 학생들이 알아볼 수 있다. 특히 우리가 가르치는 내용을 교육 분야의 최근 논의와 연결할 수 있느냐가 중요하다. 또한 우리가 다루는 내용을 기독교적 관점의 문헌이나 자료를 활용하여 전개할 수 있어야 한다.

• **이론과 실천의 연결** | 우리에게는 이론을 활용하여 실천과 잇는 통찰력이 있어야 한다. 교사 교육은 직업 교육이다. 즉 이론 형성은 실천을 위한 것이다. 이 점은 실제 가르침의 내용과 교육 현장과의 연관성을 제공할 때 명백해진다.

• **학생들의 실천적 지향에 대한 민감성** | 교사 교육에서 학생들은 주로 교육 현장에서의 실천을 고려하게 된다. 교사 교육에서 연구 문헌을 활용할 수 있지만 연구의 내용을 실용적으로 응용하는 과정이 필요하다.

- **책임을 위임하는 능력** | 우리는 학생들이 스스로 배우는 과정에 대해 책임을 지도록 위임해야 한다.

결어

　사도 바울에 따르면 그리스도는 영광의 소망이다(골 1:27). 그러므로 기독 교육은 소망이 있는 일이다. 기독 교사로서 우리는 학생들의 미래, 즉 그들의 현세적이며 영원한 미래에 관심이 있다. 이런 점에서 '희망'은 중요한 키워드이다. 성경적 관점에서 일상생활은 과소평가할 수 없다. 그것은 하나님과 이웃들을 머리, 마음 그리고 손으로 섬기는 것을 목표로 하는 동시에 도래하는 하나님의 나라를 바라보면서도 이 세상 사회에서는 좋은 시민이 되고자 한다. 본서에서 우리는 기독 교육의 본질을 제시했다. 사실 전 세계 기독 교사들 간에는 차이점이 있다. 우리는 유럽, 보다 정확하게 말하면 네덜란드라는 상황에서 기술했다. 하지만 우리는 더 넓은 청중을 염두에 두고 있다. 기독 교육의 정수는 가르침과 배움이 일어나는 문화 간의 차이점들보다 더 크다. 앞서 이미 언급했듯이 기독 교육의 본질은 청사진이 아니다. 전 세계의 기독 교사들은 그들 자신의 성격과 주어진 재능을 고려하면서 주어진 문화적 상황에서 그들의 이상을 적용하려고 노력할 수 있다. 우리는 이 책이 다양한 신학적 견해와 함께 다양한 문화권의 교사들 간에 기독 교육에 관한 토론에 공헌할 수 있기를 바란다. 당신의 손에 있는 이 책에 대해 당신의 답변을 기대한다.[84]

---

84 여러분은 이 책의 저자들을 www.driestar-christianuniversity.com 및 www.ascieurope.org 두 웹사이트들을 통해 만날 수 있다.

역자 후기

본서는 원래 네덜란드의 하우다(Gouda)에 있는 드리스타 기독교 대학(Driestar Christian University)에서 기독 교사들을 양성하기 위해 출간한 교재였다. 그 후 ACSI(Association of Christian Schools International)와 함께 영어판을 출판하게 되었는데 역자가 지난 2018년 여름에 이 대학을 방문하여 이 책을 접하게 되면서 한글로 번역하면 많은 기독 교사들에게 도움이 되겠다는 생각을 하게 되었다. 드리스타 기독교 대학과 ACSI에서도 이 번역을 흔쾌히 승낙해 주어 감사드린다.

마침 한동대 교육대학원을 함께 섬기시는 이은실, 이정미 교수님과 이 생각을 공유하게 되었고 한동대에서 지원하는 교수 커뮤

니티의 한 프로젝트로 진행하게 되었다. 한 분이 먼저 한 장을 번역하여 나누면서 서로 토론하는 시간을 가졌고 그렇게 전체적으로 번역과 토론을 마치면서 편집을 마무리했다. 동참해주신 두 교수님들께 깊이 감사드리며 아울러 이 교재를 출판하도록 도와주신 킹덤북스(Kingdom Books) 대표 윤상문 목사에게도 감사드린다. 또한 귀한 사진들을 제공해 주신 LBOT(Life Based On Truth)학교 장혜주 교장 선생님, 부산 반디학교 이애경 교장 선생님, 헤이븐기독학교 연정호 교장 선생님, 페이스튼학교 조연수 선생님께도 깊은 감사를 드린다.

  바라기는 본서가 기독 교육에 관심 있는 모든 분들이 하나님 나라의 인재를 양성하는데 조금이나마 도움이 되길 바란다.

한동대에서 대표역자 최용준

참고 문헌

Biesta, G. (2013). *The beautiful risk of education.* London: Paradigm Publishers.

Brinke, J. J. ten & Muynck, A. de (2014). *Verleende volmacht. Nieuwe gehoorzaamheid in kerk, gezin, school en samenleving.* (위임받은 권위. 가정, 학교, 교회 및 사회에서의 새로운 순종). Heerenveen: Royal Jongbloed.

Brummelen, H. van (2009). *Walking with God in the classroom.* Colorado Springs: Purposeful Design Publications.

Bulterman, J. & Muynck, A. de (2014). *Is alles van waarde meetbaar? Toetsing en vorming in het onderwijs.* (모든 가치들이 측정 가능한가? 교육에서 형성 및 평가). Amsterdam: Buijten & Schipperheijn.

Carr, N. (2014). *The glass cage. How our computers are changing us.* New York: W.W. Norton & Company.

Crombrugge, H. van (2007). "De leerkracht als het na te volgen voorbeeld." (따라야 할 모범으로서의 교사). In: Tongeren, P. van en Pasman-de Roo (red.). *Voorbeeldig onderwijs*. (모범을 보이는 교육) (pp. 95-110). Nijmegen: Valkhof Pers.

Edlin, R. J. (2014). *The cause of Christian Education*. Sioux Falls: Dordt College Press.

Golverdingen, M. (2003). *Inspirerend onderwijs. De pedagogische opdracht van de reformatorische school*. (영감을 주는 교육. 개혁 학교의 교육적 사명). Heerenveen: Groen.

Griffiths, P. J. (2011). "From curiosity to studiousness: Catechizing the Appetite for learning." In: Smith, D. I. & Smith, J. K. A. (Eds). *Teaching and Christian practices. Reshaping faith and learning*. (pp. 102-122). Grand Rapids: Eerdmans.

Heino, G. (2016). Spreukenwijsheid voor begeleiding. (감독을 위한 잠언의 지혜) Dissertation. Pretoria: UNISA.

Hengstmengel, B. (2015). Denken met het hart. Christelijke filosofie in de traditie van Augustinus en Calvijn. (마음으로 생각함. 어거스틴 및 깔뱅의 전통에 선 기독교 철학). Amsterdam: Buijten en Schipperheijn.

Horst, W. ter (1995). *Wijs me de weg! Mogelijkheden voor een christelijke opvoeding in een post-christelijke samenleving*. (내게 길을 보여 주세요! 후 기독 사회에서 기독 교육의 가능성들) Kampen: Kok.

Horst, W. ter (2008). Christelijke pedagogiek als handelingswetenschap. (행동 과학으로서 기독 교육) Kampen: Kok. 2008

Mackay, E. (2014). *Een venster op de hemel. Christelijk leraarschap in de lespraktijk*. (하늘을 향한 창문. 교실에서의 기독교적 가르침) Apeldoorn: De Banier.

Masschelein, J. & Simons, M., (2012). *Apologie van de school. Een publieke zaak*. (학교를 변호함. 공적인 사안). Leuven/Den Haag: Acco.

Murre, P., Muynck, A. de & Vermeulen, H. (2012), *Vitale idealen, voorbeeldige praktijken. Grote pedagogen over opvoeding en onderwijs.* (활기찬 이상들, 모범적인 실습. 교육에 관한 위대한 사상가들). Amsterdam: Buijten & Schipperheijn.

Muynck, A. de (2004) *Christelijk leraarschap tussen presentie, vorming en werkelijkheid.* Lectorale rede(현재, 형성 및 실제 간의 기독교적 가르침. 공개강좌). Gouda: Christelijke Hogeschool De Driestar.

Muynck, A. de (2006). "De praktijk van het onderwijs (교육의 실제)" In: Jochemsen, H., Kuiper, R. & Muynck, A. de, *Een theorie over praktijken. Normatief praktijkmodel voor zorg, sociaal werk en onderwijs.* (실제에 관한 이론. 돌봄, 사회사업 및 교육 실천의 규범적 모델). (pp. 55-80). Amsterdam: Buijten & Schipperheijn.

Muynck, A. de (2012). *Wees een Gids! Naar een nieuw elan van christelijk leraarschap.* Lectorale rede. (가이드가 되라! 기독교적 가르침을 향한 새로운 열망. 공개강좌). Gouda: Driestar educatief.

Muynck, A. de (2016). *Pelgrimage. Christelijk leraarschap tussen roeping en vreemdelingschap.* Eindrapport lectoraat Christelijk leraarschap. (순례. 소명과 이방인 됨 사이에서 기독교적 가르침. 기독교적 가르침에 관한 강의 최종 보고서). Gouda: Driestar educatief.

Muynck, A. de & Van der Walt, J.L. (eds.) (2006). *The call to know the world. A view on constructivism and education.* Dixit international series, vol I. Amsterdam: Buijten & Schipperheijn.

Muynck, A. de, Rottier, L.N., Noteboom, J. & Lindhout, W. (2011). *Leren bij de bron. Meditaties voor leraren.* (원천에 따르는 배움. 교사들을 위한 묵상집). Heerenveen: Groen.

Muynck, A. de, Reijnoudt-Klein, W. & Spruijt-de Kloe (2017). "Mapping practices of Christian education: Toward a framework of contextual differences around the globe." *International Journal of Education and Christianity*, 21/1, 6-25.

Raes, P. (2009). *Geloven in katholiek onderwijs.* (가톨릭 교육에 대한 신뢰). Kapellen: Pelckmans.

Raes, P. (2015). *Christelijk Leraarschap: Lesgeven en leren christelijk oriënteren.* (기독교적 가르침; 수업 및 기독교적 방향 제시). Kapellen: Pelckmans.

Robbers, S. J. (1925). *De H. Augustinus als Peadagoog.* (교육자로서의 성 어거스틴). Den Bosch: Malmberg.

Roeleveld, M. E., Kalkman, B. & Kool, R. F. de (2006). *Essenties van christelijk leraarschap; beroepsbeeld voor de christelijke leraar.* (기독교적 가르침의 본질들: 기독 교사의 직업관). Gouda: Driestar educatief.

Smith, J. K. A. (2009). *Desiring the kingdom: Worship, worldview and cultural formation.* Grand Rapids, Baker Academic.

Smith, D. I. & Shortt, J. (2002.) *The Bible and the task of teaching.* Nottingham UK: The Stapleton Center.

Van Manen, M. (2015). *Pedagogical tact: Knowing what to do when you don't know what to do.* Walnut Creek CA: Left Coast Press.

Veldman, J. (2015). *Das Asthetische im Lehrkunstkonzept. Zur Bedeutung von Dramaturgie und Spiel im Kunstunterricht.* (가르치는 기술 개념에서 미적 요소. 예술 교육에서 드라마학 및 게임의 의미에 관하여). Oberhausen: Athena Verlag.

Velema, W. H. (1997). "Kennis en expressie van het mens-zijn in bijbels licht" (성경적 관점에서 본 인간의 지식과 표현). In: Budgen, W. & Harkema, W. (red.). *Meer dan mensenkennis! Over kennis in de maatschappij van morgen.* (인간의 지식을 넘어! 내일의 사회에서의 지식에 관해). Heerenveen: Groen.

Vermeulen, H. (2014). "Aan allen alles leren. Jan Amos Comenius als pedagoog(모두에게 모든 것을 가르치기. 교육학자 얀 아모스 코메니우스)" In: Murre, P., Muynck, A. de & Vermeulen, H., *Vitale idealen, voorbeeldige praktijken. Grote pedagogen over opvoeding en onderwijs.* (활기찬 이상들, 모범적인 실습. 교육에 관한 위대한 사상가들). Deel 2. pp. 22-39. Amsterdam: Buijten & Schipperheijn.

www.ascieurope.org

www.driestar-christianuniversity.com

www.lerarenopleider.nl/velon/beroepsstandaard